新时期高校继续教育与教学管理研究

方晓明 / 著

中国农业出版社
农村读物出版社
北　京

图书在版编目（CIP）数据

新时期高校继续教育与教学管理研究 / 方晓明著 .
—北京：中国农业出版社，2022.7
ISBN 978-7-109-29561-2

Ⅰ.①新…　Ⅱ.①方…　Ⅲ.①民办高校－教育管理－
研究－中国　Ⅳ.①G648.7

中国版本图书馆 CIP 数据核字（2022）第 103089 号

新时期高校继续教育与教学管理研究
XINSHIQI GAOXIAO JIXU JIAOYU YU JIAOXUE GUANLI YANJIU

中国农业出版社出版
地址：北京市朝阳区麦子店街 18 号楼
邮编：100125
责任编辑：周益平　李海锋
版式设计：杨　婧　责任校对：刘丽香
印刷：北京中兴印刷有限公司
版次：2022 年 7 月第 1 版
印次：2022 年 7 月北京第 1 次印刷
发行：新华书店北京发行所
开本：700mm×1000mm　1/16
印张：8.5
字数：200 千字
定价：58.00 元

前　言

　　社会的发展，需要人的不断发展与之相适应。终身教育、终身学习是社会发展的需要。新时期为顺应国家发展战略，建设终身教育体系已成为高校继续教育的必然选择。因此，在我国应用型高校建设和高等教育大众化背景下，高校继续教育应该加强其应用的属性，注重人的全面发展以及职业能力的培养。另外，伴随我国经济和社会的高度发展，高校继续教育必须要做出新的改变。为了激发高校继续教育的发展活力，实现高质量发展，高校继续教育应从多方面入手，优化管理，进而提升质量和效率。

　　鉴于此，笔者撰写了《新时期高校继续教育与教学管理研究》一书。全书从高校继续教育及其理念、高校继续教育的发展现状、高校继续教育的使命与责任、新时期高校继续教育管理创新等方面切入，主要探讨新时期高校继续教育的转型与发展、新时期高校继续教育的校企合作模式、新时期高校继续教育的信息化建设、新时期高校继续教育的在线平台建设、新时期高校继续教育教学质量管理体系。

　　本书具有以下特点：第一，结构清晰合理、逻辑严谨有序，既保证了论述内容的全面和系统，也兼顾到对重点章节的具体论述；第二，观点新颖、实用性强；第三，在内容上力求时代性、科学性、系统性的统一，积极探索新时期高校继续教育与教学管理的发展方向，使高校继续教育的开展更加具有方向性。

　　笔者在撰写本书的过程中，得到了许多专家学者的帮助和指导，在此表示诚挚的谢意。由于笔者水平有限，加之时间仓促，书中所涉及的内容难免有疏漏之处，希望读者多提宝贵意见，以便笔者进一步修改，使之更加完善。

目 录

前言

第一章

绪　　论

第一节　高校继续教育及其理念

继续教育与普通高校的教育不同，属于社会成人的在校教育活动。这种教育形式是人们在步入社会后生活学习的重要组成部分，主要包括学历继续教育和非学历继续教育两种类型。其中，学历继续教育主要是指参加高等教育后继续进行再教育，以提升自身的学历水平为目的；非学历继续教育指的是已经结束正规教育，工作后参加的专业技能再教育，主要适用于技术人员，技术能力是主要的教育内容，对提升其知识含量和技能水平具有重要帮助，这两种教育形式都属于对自身知识的补充，教育的主要目的都是提升自身的素质。

与普通教育相比，高校继续教育更加重视对人们实用专业技能的提升，对知识的传授相对较少。继续教育是高校充分发挥自身优势培养社会所需人才的重要途径，为更多的人提供了可以继续提升的渠道。尤其是在国家出台深化继续教育改革政策后，这种教育形式在社会人才培养中发挥着愈加重要的作用，有助于构建学习型社会，帮助人们实现终身教育，不论是对社会继续再教育人员，还是对高校本身都有着极为重要的意义。

一、高校继续教育的相关理论

与高校继续教育相关的概念很多，主要有"成人教育""继续教育"和"终身教育"等核心概念，这些核心概念在机构名称、学术著作以及媒体报道中都在频繁使用，有时甚至是相互混用，因此容易造成一定的混淆。实际上，它们之间的内涵和外延不尽相同，并且随着经济社会的发展，还会被赋予新的时代含义。下面以"成人教育""继续教育""终身教育"为例进行分析：

（一）成人教育

现代意义上的成人教育概念源于欧洲。1816 年，英国人托马斯·波尔在其出版的《成人学校的起源与发展》一书中最先正式使用"成人教育"一词，用来指代与普通学校教育不同的成人学校的活动。我国的成人教育出现于 20 世纪初，中华人民共和国成立后，特别是 1978 年以后，成人教育工作得到蓬勃发展。

对于成人教育的理解，多数是从对"成人"的界定出发来阐释的。成人教育是指对社会各类成年人实施的有组织的教育过程的全部。换言之，只要是成年人，其所接受的有组织的教育，都应该属于成人教育的范畴。但是，由于不同国家、地区或组织对"成人"的理解不一致，就造成这一概念本身具有不确定性。例如，《不列颠百科全书》对成人教育所下的定义是："为年龄达到足以工作、投票、战斗、结婚以及已经完成了在儿童时期开始的连续教育学习阶段的人们所设的一切种类的教育。"《国际教育标准分类》中对成人教育所下的定义是："为不在正规学校和大学系统学习、通常年龄在 15 或 15 岁以上人们的需要和利益而设计的有组织的教育计划。"可见，要厘清成人教育的概念，先要对"成人"做好界定，而且不能简单地从一个标准维度去界定。我国《成人教育大辞典》定义的成人，"是一个进入了生理成熟期，心理和情绪等达到成熟，能扮演社会成人角色，参加全日制工作、履行公民、配偶、父母的权利和义务，享有法律上规定的各种权利、被所在的社会承认的人。"

此外，对成人教育的理解，并不是"成人"与"教育"的简单结合，它是与基础教育、职业教育、高等教育等教育体系有所区别但又有内在联系的教育体系。联合国教科文组织国际教育发展委员会编著的《学会生存——教育世界的今天和明天》中有："成人教育可能有很多定义。对于今天世界上许许多多成人来说，成人教育是代替他们失去的基础教育。对于那些只受过很不完全的教育的人们来说，成人教育是补充初等教育或职业教育。对于那些需要应对环境新要求的人们来说，成人教育是延长他们现有的教育。对于那些已经受过高等训练的人们来说，成人教育就是给他们提供进一步的教育。成人教育也是发展每一个人的个性的手段。"由此可见，成人教育是根据教育对象原有的不同基础而施加的一种教育行为，可以是提供基础教育、职业教育、高等教育，也可以是提供延续性的教育或进一步的教育。可见，成人教育概念的外延相当广泛，既包括成人学历教育，也包括成人非学历教育，当中还蕴含着"继续"的意味。

（二）继续教育

继续教育作为一种有别于传统教育的新型教育，最早出现于 20 世纪 60 年代的欧美发达国家，是 20 世纪初美国的"继续工程教育"概念的拓展和延伸。继续工程教育通常是对具有较高学历的工程技术人员进行再教育和培训活动，以此来促进工程技术人员掌握新知识、新技术，创造更高的生产力。受继续工程教育的影响，除了工程技术领域外，卫生、教育、文化、管理等领域的再教育活动也开始有组织地进行，使继续工程教育从原有意义上扩展开，由此产生了意义更加宽泛的继续教育概念。

继续教育这一概念在引入中国之时，是有特定含义的，它是指大学后成人的再教育，包括大学后在职的专业技术人员和管理人员的再教育。换言之，继续教育属于成人教育的较高层次。《教育大辞典》也认为"继续教育是对已获得一定学历教育和专业技术职称的在职人员进行的教育活动。"此处的在职人员往往都是成人。

然而，作为现代科学技术迅猛发展的产物，继续教育应该是一个不断发展变化的概念，经济社会的不断发展将赋予其以新的内涵。继续教育是指在任何教育基础上进行的教育。在继续教育与初始教育之间，可以是连续的，也可以是间断的。由于初始教育在不同国家和地区，或者在同一国家和地区的不同发展阶段有不同的理解和规定，这就造成对继续教育内涵的理解存在差异。此外，继续教育的形式也是多种多样的，可以是在职的也可以是非在职的，可以在正规学校或培训场所进行，也可以在非正规的学校或场所进行，还可以采取自学的形式或者在线学习的形式等。另外，随着知识经济社会的发展，继续教育的对象也趋于多元化，继续教育应该面向全社会人士，让所有人都有机会利用知识，促进自身和社会发展。换言之，继续教育不应再是有一定学历或者专业技术职称的人员的特权，而应该是一种全民化的教育。

（三）终身教育

终身教育概念是在联合国教科文组织成人教育促进委员会第三次会议上提出的，随后受到了国际组织的积极响应，并首先在发达国家得以应用和推广。终身教育认为，教育应当是贯穿于每一个人的一生的过程，在每个人需要的时候，随时以最好的方式为其提供必要的知识，这也是关于终身教育思想的最初表述。

由于终身教育思想博大精深，发展迄今，被世界各国纷纷追捧，但各国学者对终身教育概念的理解却不尽相同。结合终身教育思想的基本内涵，本书将终身教育界定为：人在一生中所接受的各种教育的总和，是人所受不同类型教育的统一综合。横向而言，它涵盖家庭教育、学校教育和社会教育等领域，包括个体的正规学习、非正规学习和非正式学习。纵向而言，终身教育贯穿于人生的婴儿期、幼儿期、少年期、青年期、中年期和老年期，也就是说，个体从出生开始学习，并一生持续进行。

综上所述，成人教育、继续教育和终身教育三者之间既有联系，又有区别。首先，根据教育对象的年龄来划分，成人教育包含继续教育；根据教育的连续性来划分，继续教育包含成人教育。其次，随着整体社会文化水平的提升，以及受教育对象的多元化，成人教育与继续教育之间的相似度越来越大。

最后，终身教育是在成人教育和继续教育发展的推动下产生的具有革命性影响的教育理念，成人教育、继续教育共同包含在终身教育之中。

二、高校继续教育的主要理念

高校继续教育是指由高等学校提供的，面向学校教育之后所有社会成员（特别是成人）的各层次的学历教育和非学历教育，旨在帮助学习者增加或更新知识和技能，应对日益复杂的技术与社会发展需要，促进学习者的自我实现。当前，高校继续教育发展遵循的理念主要有终身教育、以人为本、质量至上、泛在学习和开放共享等。高校继续教育主要包括以下理念。

（一）终身教育的理念

终身教育并不是指一个具体的实体，而是泛指某种思想或原则。终身教育不再是一个人由初等学校、中等学校等任何一个学校毕业之后就算完结，而应该是通过人的一生持续进行。终身教育要把社会整个教育和培训机构及渠道进行统合，从而使人们在其生存的所有部门，都能够根据需要而方便地获得接受教育的机会。可见，终身教育突破了正规学习的框架，把教育看成是人的一生中连续不断的学习过程。此处的"人"包括愿意接受终身教育的所有的人，没有年龄、性别等限制。在终身教育思想的推动和影响下，继续教育呈现普及化和终身化趋势。

（二）以人为本的理念

以人为本，就是以实现人的全面发展为目标，从人民群众的根本利益出发谋发展、促发展。以人为本的管理本质是一种把"人"作为管理活动的核心，以促进人自身完善与发展为根本目的，强调个人价值与集体价值、个人目标与组织目标辩证统一为原则的管理理念。人本化管理就是让人们自主、自信、自强，不断地开发自身资源，以发挥无限的潜能；同时，让人们认识自身，强调自我，塑造自己，提高主体地位。就教育而言，教育是培养人的社会活动，教育活动离不开人，人既是教育的出发点，也是教育的归宿，以人为本是教育发展的应有之义。教育中的以人为本是尊重和关爱学生的生命本性，是培养学生丰富多彩的社会属性与个性，是关注学生的全面持续发展。高校继续教育作为促进人自身和谐发展的重要途径，在以人为本理念的指引下，需要以学习者为中心，围绕人的发展需要（特别是个性化需要），提供更加丰富多样的服务支持。

（三）质量至上的理念

质量是产品（或服务）的生命线。质量至上的理念就是以质量管理为中心，以全员参与为基础，目的在于通过让顾客满意和本组织所有成员及社会受益而达到长期成功的管理途径。就教育而言，教育质量有宏观与微观之分。从宏观层面而言，教育质量即整个教育体系的质量，也可称之为"体系质量"。从微观层面而言，教育质量最终体现在培养对象的质量上，是指教育水平高低和效果优劣的程度，其衡量标准是教学质量和各级各类学校的培养目标。提高继续教育的体系质量和教学质量是高校继续教育内涵式发展的重要目标，并直接关系到我国高等教育的整体质量水平。当前，优质的继续教育往往具有以下特点：办学理念先进，培养模式清晰，质量标准明确，教学制度健全，教育资源和师资力量独特，教育平台完备，教育成果得到社会和学生的认可等。

（四）泛在学习的理念

泛在学习是指无处不在的学习，是一种任何人可以在任何地方、任何时刻获取所需的任何信息的学习方式。泛在学习与人人皆学、时时能学、处处可学的学习型社会的价值理念一致，它符合人们终身学习的需求，是经济社会发展的必然选择。信息技术的发展，尤其是互联网、移动互联网等网络技术的发展，正在快速改变现实世界，对教育产生了革命性影响。当前，网络已成为实现泛在学习的主要路径，移动学习正逐渐引入泛在学习体系。高校继续教育应遵循泛在学习的基本原则，为学习者提供实用而便捷的学习服务，使学习者能在任何时间、任何地点、以任何能够使用的方式获得个性化的、高质量的学习资源。

（五）开放共享的理念

伴随着教育国际化和信息化步伐的加快，我国高校继续教育正在重塑一个开放、共享的教育新生态。高校继续教育需要突破原有的思维模式，充分发挥高校的资源优势，大力推进继续教育资源的开放和共享，扩大继续教育领域的合作空间，打造融合发展、与国际接轨的新型高校继续教育。慕课（MOOC）等网络共享课程的大规模建设和应用，将进一步推进继续教育的开放与共享，促进新时期继续教育顺利实现转型。高校一方面要扩大国外先进继续教育资源的引入和对接，充分利用好国际一流学校的优质课程资源，加强适合我国高校继续教育的国际优质资源的引入和对接；另一方面要加快我国优质继续教育资源的输出，打造一批具有国际化视野的优质公开课程，建设具有中国特色的高校继续教育的MOOC，创立属于自己的品牌，实现优质课程资源的输出。

总而言之，高校继续教育的基本概念和遵循的理念是随着经济社会发展而动态变化的。与此同时，高校继续教育作为我国终身教育体系的重要组成部分，它的变革与发展对推动经济社会发展又发挥着重要作用。[1]

---

[1] 包华影. 高校继续教育变革与发展[M]. 北京：高等教育出版社，2019：3-8.

第二节 高校继续教育的发展现状

一、高校学历继续教育发展现状

改革开放 40 多年以来，高校学历继续教育为广大社会成员提供了多渠道接受高等教育的机会，为国家现代化建设培养了大批急需的专门人才，在国家经济建设、科技进步和社会发展中发挥了重要作用。总体而言，当前的普通高校学历继续教育持续保持稳定发展，远程继续教育不断改革探索、扩大规模，高等教育自学考试积极发展、稳中求进。

普通高校继续教育主要包含学历教育和非学历教育两部分。学历继续教育主要包括以函授、夜大教育形式为主的成人高等教育，其中成人高等教育依然是多数高校学历继续教育的主要办学形式，网络教育已经成为一种重要的办学形式，多以网络学习中心形式办学。当前，随着生源市场需求的变化，成人高等学历教育已经逐渐由学历补偿教育为主、注重办学规模的外延式发展向调整办学结构、多元并进，注重教育质量和办学效益的内涵式发展过渡。普通高校在成人高等教育招生中所占比例越来越大，高校成为新时期开展成人高等学历教育的主力军。因此，新时期成人高等学历教育如何发展、向哪个方向发展，高校将扮演非常关键的角色，高校学历继续教育办学决策将对成人高等学历教育的改革产生重要影响。

需要注意的是，当前成人高等学历教育在大多数普通高校仍处于办学主体地位，理论研究成果丰富，学历教育研究日趋成熟，研究领域所关注热点聚合度较高。如何提升教学质量，实现稳步可持续发展一直为研究热点，也是实际办学的难点。作为高等教育的重要组成部分，成人高等学历教育内涵式发展逐渐得到越来越多专家学者的认可，因为内涵式发展可以使高校继续教育在人才培养、社会服务和文化传承等方面发挥更大的作用。内涵式发展更加注重教学质量和办学效益的提升，不仅重视经济效益，而且也重视社会效益，使教育真正回归于教育，所以质量和效益成为教育内涵式发展的主要指标。为了更好地促进学历继续教育内涵式发展，国家和地方各级政府积极出台各种教育政策进行引导与支持的同时，高校更是注重"底层设计"，从自身做起进行更多的改革，学历教育是高校继续教育的立身之本，是高校服务社会的重要方式。

学历继续教育内涵式发展，是高校义不容辞的义务，也是社会赋予高校的责任。只有将学历继续教育真正纳入人才培养体系，在办学理念、课程建设、师资队伍建设、教学设计、教学管理、教学评价等方面做更多的改革与研究；注重提升高校继续教育社会效益的比重，降低经济效益的比重，保证高校学历继续教育办学经费投入实际办学中，教学质量才会有实质性的提高，高校继续教育办学才能实现可持续发展。

二、高校非学历继续教育发展现状

普通高校非学历继续教育主要包括研究生课程进修班、自考助学班、普通预科生班、进修及各种企事业培训等，其中自考助学班、资格与岗位证书培训结业班的注册生人数所占比例较大。总体而言，当前高校非学历继续教育发展提速，培训规模和质量喜忧参半；面向社区开展继续教育方兴未艾，从实验转向深入推进；各类技能型、证书类培训吸引力有所增强，但培训参与率还有待提高。

当前，非学历继续教育日益受到国家教育主管部门和普通高校的重视，培训市场与培训规模不断扩大，高校非学历继续教育结业生数、注册生数一直呈平稳增长态势。另外，高校继续教育在非学历领域持续升温，办学重心逐渐向其倾斜和发展，但同时也必须清醒地看到，高校非学历培训总量在整个非学历教育培训市场所占比例很小。由于非学历培训主要由高等教育培训、中等职业教育培训两部分构成，中等职业教育培训人数明显下滑，培训量不足，虽然高校非学历培训数量保持增长，但因其所占比例较小，导致非学历教育培训在总结业生数、总注册生数两个指标上都呈缓慢下降态势。可见，非学历培训市场需求已经逐渐由初级层次培训向高层次培训转移，普通高校在非学历继续教育领域的发展空间很大。

当前，非学历继续教育在大多数普通高校方兴未艾，在整个培训市场所占比重太小，随着学习型社会构建和人才强国战略实施的不断深入，高层次培训还有巨大的发展空间，非学历继续教育具有直接服务社会、服务经济的特点，是教育体系中最灵活、最彰显服务意识、最能体现社会效益的办学形式；同时，非学历继续教育研究理论在整个高校成人教育研究中比较独立，相关研究内部聚合度较低，研究成果不是十分成熟，仍处于经验介绍性质的探索阶段，系统化、理论化不足，设计方案缺乏可操作性、可推广性。目前，除了一些重点高校，大部分普通高校（特别是地方高校）开展非学历继续教育还处于起步阶段，注册生人数、结业生人数、培训效益都还处于较低水平。显然非学历教育在数量、规模、质量、效益四个方面都亟须提高，"内涵与外延"并重发展是比较符合高校非学历继续教育办学实际情况的。

强调内涵发展，就是注重质量和效益，因为非学历教育主要是市场化运作模式，所有办学机构都有资格参与市场竞争，高校培训质量不高或效益不佳都会被市场淘汰，培训质量是高校能够在非学历培训市场竞争中获得发展的根本保障；强调外延发展，就是重视数量与规模，因为高校非学历继续教育还不成熟，与学历教育已经达到一定规模而且能够保持稳定发展不同，高校非学历继续教育必须积极发挥自身优势，走出高校，面向区域社会经济发展，加强与行业、企业、社区的合作，拓展教育培训新领域，不断扩大培训规模、办学规模和办学领域，培训规模也将成为普通高校服务地方社会经济发展综合能力的重要指标。

高校继续教育的发展现状是机遇与挑战并存。一方面，随着人力资源相关战略的出台，国家日益重视继续教育的作用，政策支持力度不断加大；教育信息技术的快速发展推动了继续教育领域的创新，引领了继续教育变革；社会的多元化导致教育需求日益广泛，为继续教育的发展开辟了新的空间，如学习型城市建设、社区教育等；随着社会经济快速发展，知识更新加快，人们继续学习的意愿增强，非学历培训领域的市场空间广阔。另一方面，随着普通高等教育毛入学率的快速增长、适龄入学青年总量减少，学历补偿教育历史使命的完成，学历继续教育市场受到影响，这对以学历继续教育为主要办学业务的高校是一个严峻挑战；同时，继续教育教学质量有待提高。无论是成人高等教育还是网络教育，教学质量较低已经是不争的事实，大众对其认可度和满意度处于较低水平。高校在非学历继续教育领域机制僵化、经验匮乏、市场化不足；工作生活节奏的加快，传统继续教育模式难以满足新生代学员的学习需求；基于现代教育技术的新型教学模式还没有完全建立，如何抓住历史发展机遇，通过改革积极应对挑战，是每个高校都必须认真思考的问题。

三、高校继续教育信息化建设现状

围绕终身教育体系和学习型社会建设的要求，我国高校积极发展现代远程教育，在继续教育的发展模式、服务模式、管理模式和培训模式上进行了一系列创新实践探索，主要表现在以下几个方面。

（一）创新发展模式，实施现代远程教育工程

当前相关部门共批准数十所试点高校和中央广播电视大学开展现代远程教育试点工作，通过在全国城乡设立的上万个学习中心和教学点，将高等继续教育资源输送到对口的特殊群体。例如，面向农村和乡镇招收网络教育学员，为广大农村培养"留得住、用得上"的技术和管理人才；为推进科技发展，把优质教育资源输送到祖国雪域高原、边防海岛。试点工作推进了中国远程教育由第一代的函授教育、第二代的广播电视教育向基于计算机、卫星、多媒体和互联网的现代远程教育转化，初步探索建立了适合在职人员随时随地远程自主学习和终身学习的教学及支持服务系统。

（二）创新服务模式，搭建继续教育资源共享平台

建设资源共享和服务平台及体系，探索数字化学习资源共享和现代远程教育公共服务体系建设模式。为推进优质资源的建设和共享，当前我国实施了"网络教育数字化学习资源中心建设"等项目，整合和共享试点高校和社会的优质数字化学习资源，建设资源整合及公共服务平台，开展资源的网上开放和共享应用服务。相关部门还将实施高校数字化学习资源免费开放计划，积极推进普通高校部分优质的数字化学习资源向全社会开放。

为了探索现代远程教育校外学习支持服务模式，提高服务质量和水平，我国通过实施"数字化学习港与终身学习社会的建设与示范"和"数字化学习示范中心"两个项目，在全国建设一批基于终身学习的数字化学习型乡镇、社区和企业等典型应用示范学习中心，探索建立适合中国国情的不同区域、不同类型、不同对象和不同需求的数字化学习中心的典型应用模式。同时还启动实施"终身学习公共服务平台模式研究及示范应用项目"，引导相关研究并实践面向学习型城市建设的终身学习公共服务平台的建设模式、管理机制，建设多网融合的数字化学习系统平台及服务体系，面向社会成员开展各类继续教育及终身学习服务。

（三）创新管理模式，加强规范管理和质量监控

为了加强对试点高校现代远程教育的质量监管，相关部门建立了"高等学校网络教育质量监管系统"，实现了高校网络教育年报年检、统考、评估、新生注册及日常工作的信息化管理。

实施"网络教育统考网上考试系统与题库建设"项目，建设计算机应用基础、英语、语文和高等数学等网络教育统考课程的网上考试系统及题库。建立了"高校网络教育阳光招生服务平台"，向社会全面公开远程继续教育的办学和管理信息，并实现网络教育新生电子注册、网络教育统考和毕业电子注册一体化信息化管理；创建了"中国远程与继续教育网"，加强对社会公众的远程与继续教育信息服务和政策宣传。

（四）创新培训模式，探索高校非学历继续教育培训模式

为了充分发挥高校在高层次专门人才培训中的骨干带头和示范作用，相关部门积极推进现代远程教育试点，普通高校配合人力资源和社会保障部实施"专业技术人才知识更新工程"，与行业企业紧密结合，共建继续教育基地，创建培训模式，面向专业技术人员、企业经营人员、党政管理人员等高层次专门人才，开展各种形式和类型的非学历继续教育培训。我国还启动了实施"高等学校继续教育示范基地"建设项目，继续引导高校深化继续教育教学内容和方法的改革，探索建立面向行业、企业或区域发展的继续教育培训新模式。同时，鼓励高校发挥自身优势，瞄准经济社会建设主战场的需要，开发社会急需

的培训项目，开展新技术、新方法培训，大力发展各种形式和类型的非学历继续教育培训。[①]

第三节 高校继续教育的使命与责任

一、高校继续教育使命与责任的内容

现代社会，劳动者创造现实的财富已经不再依靠劳动时间和相应的劳动数量了，而是决定于一般的科学水平和技术进步程度或科学在生产上的应用。特别是伴随经济全球化日益显现，国际竞争不断加大，社会发展与教育之间的关系更加紧密。知识的转化和应用日益成为经济增长、社会进步和人类进步的主导力量和直接驱动力。

相比普通高等教育，继续教育的目标是培养具有特定岗位或岗位群所需的综合专业能力，为生产经营第一线输送各级复合型、技能型人才。继续教育是与经济社会发展最密切、最直接相关的教育类型，培养劳动者的职业素质，发展劳动者的智力，塑造劳动者的职业道德、人格，并传授生产技术。具体而言，它可以直接提高劳动者的劳动生产率，促进社会经济的发展。

人民的教育水平无疑将影响国家经济、政治、文化发展和社会进步。继续教育的全面开展是我国发展经济、提高人民素质、改善人力资源状况不可或缺的责任与使命。

二、高校继续教育使命与责任的对策

（一）加强高校继续教育制度保障系统建设

教育体制及其制度创新是继续教育内涵和外延不断发展的外部条件和有力保障，加强高校继续教育制度保障系统建设需要注意以下几点。

第一，要给高校足够的自由，使其自主进行继续教育。教育行政相关部门要精简政务，下放权力，注重宏观管理，注重规划指导和政策协调，注重调查研究、总结经验、目标监督、组织协调。另外，要注重宏观调控，对继续教育发展战略、规划方针和政策进行规划，促进高校继续教育健康发展。

第二，高校自身需要认真考虑如何顺利实施继续教育管理体制，如何将继续教育并入学校的总体发展规划，如何解决继续教育在高校内部的模糊定位、分散管理等问题，更要解决分散办学、机制差、效率低等问题。

进行教育管理体制创新，关键是对学校、社会和个人之间的联系进行调整，从根本上做好管理，对上下级管理职能进行明确分工，为学校自主办学奠

---

① 张艳超．转型期普通高校继续教育信息化建设研究[M]．武汉：武汉大学出版社，2015：1-7.

定制度基础。充分发挥全国不同地区广大人民群众的创造力和积极性，开展继续教育，力求能够使其市场运行机制实现自我发展与约束。

（二）优化高校继续教育内部结构

高等学校继续教育结构指的是高等学校的办学方式、层次关系和在继续教育总体系中的衔接方式。办学方式包括函授、面授、远程教育等；层次关系有两种，学历教育和非学历教育。继续教育要求在不同序列和层次上一起发展，但一起发展并非同一规模发展，要厘清当前发展重点，率先垂范。继续教育和其他类型的教育一样，是一种培养人的教育活动。作为与社会发展最密切、最直接相关的教育类型，培养了劳动者的职业素质，发展了劳动者的智力，塑造了劳动者的职业道德素质、人格特质；生产技术转移更为具体，可以直接提高劳动者的劳动生产率，促进社会经济的发展。因此，高校继续教育应以新的姿态积极调整内部结构，为国家经济社会发展服务。

（三）重组聚集高校继续教育资源

在处理高等教育大众化进程中高校继续教育资源短缺的情况时，首先，要充分利用现有资源，在继续教育体系内外实施补充教育资源；其次，必须利用所有可能的方式来收集教育资源。各级主管部门要从改革的大局出发，彻底打破管理分工形成的分裂和分立的政治局面，最大限度地发挥现有教育资源的有效性。与此同时，资源结构调整要采用市场机制，要有新的制度创新方式。

另外，建立学习成果积累转化体系，促进各类教育的纵向和横向交流，建设继续教育、普通高等教育之间的桥梁；促进高校之间的学分转换，并加强成人高校的学习成果转化，这除了有助于学习者自由进入"教育之门"外，还可以达到对教育资源在有限情况下的科学重组和利用，有效协调高校继续教育发展任务和继续教育全面开展所需资源之间的平衡问题。

（四）提高高校继续教育质量和办学效益

继续教育市场也遵循着一般的市场规律，如价值、供求以及竞争等规律。继续教育市场的竞争，教育机构不得不充实、完善自身办学条件，加强管理，提高服务质量，推动继续教育整体水平持续提高。将市场机制引入高校继续教育，使经济社会建设对人才的需求和对劳动者具体能力的要求通过教育市场得到真实反映，而人才培养的节奏可以通过供求关系进行有效调整。价值规律的作用使教育机构和教育工作者的劳动价值相对客观公正。公平条件下的市场竞争是教育进步的动力。市场机制和市场规则的作用必然会提高继续教育的质量，提高教育机构自身的经济效益，从而提高整个社会的整体教育效益。

（五）完善高校继续教育质量评估体系

高校继续教育质量评估体系的建设要合理、高效、可行。高校继续教育质量的提高非常有必要借助一把"尺子"，即必须有一个对质量进行明确识别的评价体系。在质量评价体系中，除了教学计划、课程设置、教学内容、教学模式、教学工具、教学评价、教师素质、教学设备等，在高校继续教育过程中，最关键的是要重视教育对象，将重点放在评价、收获和效果上面。

总而言之，高校要继续发挥专业学科和资源优势，担负起加快建设学习型社会、大力提高人民素质的历史重任，在最大限度上为呈现"人人都渴望成才，人人都在努力，人人都可以成才，人人都能施展才华的好形势"做出尽可能多的贡献。[①]

第四节　新时期高校继续教育管理创新

一、新时期高校继续教育管理创新的意义

（一）自身发展的内在需求

在社会发展的新时期，"终身教育"已经成为新的教育理念，而高校的继续教育就秉持着这一理念，执行着终身教育的使命。传统的高校教育中，教育接受者主要的目的是获得学历，这种教学理念与新时期的教育思想不符，高校继续沿用这种人才培养方式，会愈加难以满足人们对教育的需求，长此以往就会影响自身的发展。而高校开展继续教育，提倡多样化和多种途径的学习方式，不仅可以满足自身发展的需求，更好地实现对人才的培养，还可以利用实用型、特色化以及个性化教育项目，不断满足社会各界人员教育需求，有助于提升高校的服务能力，实现改革发展。

（二）高校发展的理性选择

随着我国高等教育逐步迈入大众化教育阶段，高校成为促进经济发展和提升国民素质的重要途径，也承担着重要的人才培养责任。一方面，随着我国高校招生规模的扩大，高校毕业生数量的上升，部分毕业学生希望获得再次提升，而继续教育就为这部分学生提供了机会；另一方面，我国正处于社会转型的关键时期，经济结构和产业结构的快速变动，对劳动人员综合素质提出了更高的要求，很多人迫切希望通过继续教育掌握更多的新理论、新知识和新技能，在这种情况下，继续教育成为高校发展的新契机，而开展继续教育事业也成为高校的理性选择。

（三）提升高校核心竞争力

在市场经济背景下，市场的走向会影响教育事业发展的走向，尤其是高校的继续教育。随着我国《国家中长期教育改革和发展规划纲要（2010—2020年)》的出台，继续教育在教育事业中的地位得到很大提升，已经成为企业培

---

① 陈攀峰. 新时代高校继续教育创新研究［M］. 长春：吉林人民出版社，2019：19-25.

养员工的重要方式，并对普通高校教育发挥着引领、示范作用，这也为高校教育事业的发展提供了新的机遇。由此可见，跟随国家的政策走向，及时转变观念，主动关注市场需求动态，有助于提升高校在教育市场中的竞争力。

二、新时期高校继续教育管理创新的路径

（一）成立高素质教师管理队伍

高素质的教师管理队伍，对提升教育管理的水平具有良好的促进作用。在高校的继续教育中，接受教育的主体并非普通在校生，这就要注重教育管理的差异性，建立特色的管理队伍。

第一，高校应先重视现有教师管理队伍的稳定性，考虑教师日常教育工作的繁重性，从政策、发展机遇以及福利待遇等方面给予关心和支持，促使教师可以利用自身丰富的教学经验，进行继续教育管理活动，保证管理的效率。

第二，适当引入新的教学力量，继续教育不同于传统的教育，要想保证管理的合理性，就应改变以往管理的方式，通过引入具备继续教育管理能力的新型人才，充实高校继续教育师资队伍，逐渐完善管理队伍，使管理的方式更能满足继续教育发展需求，同时利用新型的教育管理人才，为高校的继续教育事业注入新的活力。

第三，选择更多适合继续教育管理的人才，通过专职招聘和外聘，建立继续教育管理专家库，为高校的教育管理提供支持。在教育事业发展中，不断树立良好的品牌形象，赢得更好的口碑，最大限度满足社会对再教育的需求，促进高校继续教育事业的发展。

（二）加强管理体制机制创新

体制是加强管理效率的依据，但也是高校转型发展的限制性因素，高校在发展继续教育时，由于继续教育与普通教育存在的区别，传统的管理体制限制了继续教育的发展，因此，应结合继续教育的特征，对实施的管理体制进行创新。在此过程中，首先，应分析现行管理体制实施过程中的利弊，掌握管理系统中不同要素间的关系，明确管理过程中具体要素的职责、权限和利益，保证不同环节间的衔接，建立更加完善的管理机制；其次，充分利用新时期教育事业快速发展的新机遇，提高对各种有利条件、环境的把控，明晰各项因素与现实管理方式间的关系，对激励机制、市场运行机制、利益分配机制以及特色发展战略等方面进行深入思考，融入更多新的管理因素，对以往的管理体制进行调整完善，使其更加适用于继续教育管理；最后，传统的管理机制对继续教育管理造成了一定的限制，使得高校缺乏管理的资金，经费投入长期短缺，难以引进适合继续教育的新型管理人才、新型管理设备。对此，高校应将继续教育的管理机制改革作为创新管理契机，将继续教育资金融入学校统筹计划中去，

为实现继续教育事业发展提供更多的资金支持。

（三）建立信息化教育管理平台

信息技术已经成为教育事业发展的重要技术手段，通过多元化的应用方式，推动教育事业的发展。对高校的继续教育进行管理，需要提高信息化管理方式，通过建立信息化的管理平台、优化管理的方式，满足继续教育教学的需要。对此可从以下方面思考：

第一，充分利用远程教育模式。基于现代化信息技术的远程教育，是继续教育发展的重要趋势，也是实现终身教育的有效手段。在信息技术时代，充分利用互联网的优势，可以克服传统课堂教学模式的弊端，降低传统教育中对空间和时间的限制，满足更多人的学习需求，更加适用于在职人员的继续教育。因此，在进行继续教育管理时，也应重视对远程教育平台的利用，发挥信息技术的优势，提高管理的水平。

第二，利用互联网和大数据技术，促进继续教育事业的发展。大数据受到越来越多的重视，很多国际型会议也都围绕大数据展开，例如，2022 年第五届大数据技术国际会议（ICBDT 2022）2022 年 9 月 23 日至 25 日在山东青岛召开。大数据技术具有强大的数据分析功能，可以通过对相关数据的分析，得出更加精确的结论。将其应用在继续教育中，可以精准地判断出教育接受者的市场需求，并根据具体的学习诉求，总结出应实施的继续教育内容，为课程设置和培育提供有效的参考依据，并为教育接受者提供精准的服务，降低了以往继续教育课程管理的难度，提高了管理的水平。

第三，利用物联网技术，改变以往的课堂集中教学模式，让继续教育学员利用各种移动终端自主选课、自主学习，教师通过网络开展精准化教学，不仅可以为学员带来更加全新的体验，还可以满足更多不同在岗学员的学习需求。

总而言之，在社会快速发展的新形势下，高校要想实现自身的可持续发展，就必须提高对继续教育的重视，在特殊学生群体中落实人才培养。在此过程中，高校应加强对继续教育的管理，通过研究分析，结合新时期社会发展的形势和人才培养的需要，创新管理思路，充分利用信息技术、物联网技术和大数据技术，制定适合的管理方式，从而推进继续教育事业的发展。

第二章

新时期高校继续教育的转型与发展

第一节　高校继续教育转型的理论依据

一、高校继续教育转型的社会转型理论

在当今社会迅速变革发展的关键阶段，深层次的社会变迁就是社会转型，高校要对其继续教育进行转型，必然要以社会转型作为重要的参考依据。

社会转型理论是西方社会功能结构学派现代化理论的经典思想，是指人类社会从传统型向现代型的转变，包括社会物质与精神文明的转变，如人类社会从农业社会转向工业社会，再由工业社会转向知识社会，就是社会转型的典型体现。

社会转型是人类知识与技能的创新发展引起的社会结构整体变动。社会转型的具体内容包括社会结构、政策制度、运行机制等方面的更新。社会转型是人类社会进步发展的必然选择，社会转型会引起人们价值观念、生产动力、生活方式等诸多方面的革新，改变社会结构，促进社会的现代化发展。

通过对社会转型理论内涵的解读，我国地方高校继续教育转型的教育变革是多维度的，其肩负着社会多种类型转型发展和结构变迁的光荣使命，社会转型理论对探究高校继续教育转型实践有着十分重要的意义。

二、高校继续教育转型的人力资本理论

有着"人力资本理论之父"称谓的美国著名经济学家西奥多·W. 舒尔茨（Theodore W. Schultz）在其著作《人力资本投资》中确切地指出，国民经济要想实现持续增长，就必须借助人力资本。主要观点：①人力是一种资本，在经济社会发展中，劳动者的知识与技能起到决定性作用；②人力资本需要投资，教育就是众多投资中重要的一类，它提升了人力资本质量，培养了高质量人才；③学校教育和在职培训通过提高人力资源质量水平，有效地促进了社会

经济增长；④经济增长中，人力资本的收益远远大于物质资本。

从人力资源开发视角上而言，人力资本理论对地方高校继续教育转型发展的影响表现在以下四个方面：

第一，地方高校继续教育转型发展必须坚持学校办学效益与社会发展效益并行提高。在市场经济发展下，高校继续教育应该坚持高校办学服务社会的基本职能，摒弃功利化办学模式，不能因财务收入而盲目扩大办学规模，把教育当作谋求利益的工具，坚持经济效益与社会效益相融合、相协调发展，使高校继续教育不偏离社会文化的发展要求。

第二，地方高校继续教育转型的目标，在于更为科学地对社会成员进行培养，满足他们对知识更新、技能培训的需求，实现社会效益最大化，推动社会进步。

第三，地方高校继续教育转型的核心要素是人力，这也符合我国致力构建学习型社会与人力资源强国的诉求。

第四，社会转型的执行者、终身教育活动的对象都是社会成员。因此，人力资本理论的基础是必不可少的。

高校继续教育职业培训的功能属性实质上就是人力资本积累的一种过程，是高层次职业教育体系建设对促进经济社会发展的重要内涵的体现。综上所述，人力资本理论内涵所涉及的人力资本质量、人力资本投资、人力资本与社会发展的关系等内容可以为高校继续教育转型发展提供理论支撑。①

第二节　高校继续教育转型的目标与原则

高校继续教育转型主要是指高校继续教育从发展战略到发展思路、从办学体制到办学机制、从办学模式到办学内容、从办学理念到办学策略等方面实现全方位、多层次、多角度的转型，以此实现推动我国终身教育体系与构建学习型社会发展的战略目标与社会需求，这种转型是从一种继续教育办学类型向另一种继续教育办学类型转变、优化的过程。

一、高校继续教育转型的目标

（一）传统阶段性教育转向适应终身教育

传统的继续教育一般集中在学历教育和职业技能提升方面。终身教育作为一种与时俱进的新理念和新思维，已成为各个国家教育政策和世界教育改革的

---

① 陈攀峰．新时代高校继续教育创新研究[M].长春：吉林人民出版社，2019：25-28.

主要方向与主要驱动力。人们越来越认识到教育不再是一次性的、最后的过程，而是存在于生命的整个过程。新时期我国教育思想的改变，最关键的也是要突破传统的学校教育思想，明确提出终身学习和终身教育的理念。就我国整个教育体系而言，仍然是以正规教育为基础，体现终身教育思想精髓的新型教育体系还未建立起来。因此，高校继续教育的顺利转型，第一步就要完成从传统阶段的学校教育模式向终身教育体系的转型。

高校继续教育的转型就是要探索促进继续教育与其他类型教育横向沟通和纵向衔接的有效途径，加强教育系统各组成部分之间的有机联系，使之连贯、畅通。例如，建立继续教育学分积累与转换制度，实现不同类型学习成果的相互承认、积累与融合；通过建立统一的国家标准，建立严格的评价体系，实行职业技能证书和学位证书的平行制度；通过实行更广泛的学分制、灵活的学制和灵活的管理制度，实现不同类型学分之间的相互承认以及教育机构对于成年学生过去学习经验的认证和承认，以便学习者能够在普通教育和继续教育系统之间以及在教育系统的各个层次上畅通无阻地流动起来。

（二）传统教学方式转向现代信息化教学

现代远程教育是知识经济时代构建终身学习体系的主要方式，是在我国高等教育资源短缺的情况下实施大教育的战略举措。信息化是指信息的均衡分布和快速传播。新媒体技术和渠道的低成本、广覆盖深刻改变了包括社会组织和企业在内的传统组织模式和工作方式。信息技术的飞速发展为高校继续教育的发展注入了强大动力。物联网、5G 技术、平板电脑等的出现，使得人们无论身处何地何时都能进行学习。

信息化建设是高校继续教育发展的助推器。我国高校现代远程教育试点工作的开展有效促进了我国远程教育由第一代函授教育、第二代广播电视教育向基于计算机现代远程教育的转变，卫星、多媒体和互联网是现代远程教育的基础。现代远程教育是适合在职人员在任何时间、任何地点自主学习和终身学习的教学支持服务体系。现代远程教育数字化支撑服务平台的建设正在取代传统的教学方式和学习方式。

高等学校要积极发展相关信息技术，重视新技术在继续教育中的创新应用。目前，一些现代远程教育试点高校和公共服务体系积极参与或帮助地方、行业、企业等建立现代远程教育平台，开展非学历现代远程教育；普通试点高校也积极参与地方学习型城市建设。建设开放、便捷、高效的终身学习服务平台和体系。教育行政部门需要及时总结经验，促进福利事业的发展，大力推进高校继续教育事业的发展，努力营造一个集信息化、网络化、媒体化、数字化、智能化于一体的继续教育环境，保证教学内容的多媒体性。多元化教学目标、教学资源共享、教学时空拓展、教学环境虚拟化、教学效果及时反馈，满足学习者多样化的学习需求，促进高校继续教育快速转型发展。

（三）人本性由教育需求转向需求教育

在传统意义上，继续教育的模式是满足教育需求，也就是建立在普通教育模式无法符合经济社会发展要求的基础上。因此，成人教育模式是在普通教育之外提出的，这是当时国家适应经济社会发展的需要，也是教育发展的需要。当前，随着民办非学历继续教育模式的推进，高校开始适应个人自我管理和自我发展的需要，积极开展个性化、特色化的继续教育，使高校能够从教育需求出发开展继续教育，以需求教育为主进行主导转变。

随着社会的转型与发展，从传统的农业经济社会向工业经济社会再向现代知识经济社会的转型，直接带来了学习者学习价值取向的深刻变化，即从"以教育为本""以专业为本"和"以学习为本"的单一追求学历文凭转向多元化的学习需求。不断提高自身价值、自身技能，慢慢变为成人学习价值取向不可或缺的一部分。

随着我国经济社会综合改革的深入，随着学习型社会和终身学习理念的逐步发展，继续教育的形式将由以学历教育为主向非学历教育为主转变，这是我国高校继续教育未来发展的必然选择。高校继续教育的转型与发展必须适应从学术需求向专业需求向学习需求的转变，在实际意义上完成从"育才"向"育人"、从"教"向"学"的转变，从"能学"向"乐学"的彻底转变，其目的是实现以人为本的教育理念。

（四）独立学历转向各类学历继续教育相互衔接

我国高校继续教育要想顺利转变为终身教育体制，先要统筹推进各类高等教育继续教育协调发展和综合改革，积极探索构建"立交桥"一体化高校继续教育。要想建设学习型社会和终身教育，"立交桥"建设是必须的。我国成人教育主要由三部分组成，分别是高等学历教育、网络教育和自学考试。教育对象都是从业者。学习方法均为业余学习，采用训练指导。成人教育为我国社会主义现代化建设输送了大量人才，但在发展过程中也存在着种种问题。新形势下，如何实现三大优势互补、融合发展，通过统一培养目标和标准、统一使用学分银行等手段，逐步建成成人继续教育的"立交桥"已成为当前亟需研究的热点之一。

只有将网络教育教学方法应用到成人教育和自学考试中，将成人教育的面对面优势嵌入网络教育中，将自学考试灵活的学分制和考试管理优势引入成人教育和网络教育中，实现三者的整合发展，实现学分互认、资源共享，才可以为成人教育搭建"立交桥"，最终建成全民学习、终身学习的学习型社会。

（五）非学历继续教育由管理转向市场化经营

教育管理是高校继续教育管理者为了实现教育目标，从管理的角度出发，对继续教育活动进行统筹、规划、组织、实施和过程控制，往往忽视市场规律的作用，是商品经济的产物。教育管理是教育目标的最大化。经营者在管理过程中，优化组合、合理配置和有效利用教育资源，将计划、管理和运作这一理念渗透到继续教育活动的过程中，组织构建了优化的管理机制。

高校继续教育必须树立以国家、社会、行业、企业和学习者个人需求为导向的经营理念、需求驱动、市场导向、公司化运作模式，解放思想，打破传统思维，树立服务意识和人本主义思考，树立品牌意识和正确的盈利理念，强化市场导向意识，积极研究服务目标，积极开展市场调研，了解社会需求，建立市场预测机制。面对继续教育市场的复杂竞争，只有强化内涵、突出特色、巩固精品、不断创新，才能满足学习者多样化的市场需求。同时，高校要不断发展自身继续教育市场的能力，努力实现市场化项目、逐项选课、带课选师、带师保质，用质量创品牌，让高校继续教育良性循环与可持续发展。

二、高校继续教育转型的原则

（一）理念转型为先导的原则

教育理念来自教育实践意识的提高，也将应用于教育实践的全过程。在历史上，任何教育改革都是从新的教育理念中诞生的。任何教育转型的困境都源于内在教育观念的束缚。任何社会改革，包括教育改革的发展和变革，都是新旧观念冲突的结果。教育观念的质的更新必然带来高校继续教育的转型，高校继续教育的转型也将聚焦教育观念的重建。

1. 宏观视角从"育才"转为"育人"

高等教育和继续教育是高校继续教育具有的双重属性，从根本上而言，它是为了培养具有更高能力和水平、更具适应能力的人，它是高校教育和社会服务的最直接途径。高校继续教育是培养知识、道德、社会责任和公民道德的终身教育过程。除了提高传统学校教育所欠缺的职业能力外，德育、素质、责任也是高校的继续教育应该承担的重要责任。作为高等教育的有机组成部分，高校继续教育理念的转变，从学历补偿到实现终身教育的目标，从教育手段的"才"到人性的"人"，在智育的同时，它特别注重德育与美育的融合，促进了高校教育的转型。

2. 中观视角从"旨教"转向"旨学"

素质教育要作为转变观念的载体和契机，转变观念，彻底摆脱传统教育意义上以教师为中心的教育模式，从重教轻学的"教"到重学轻教的"学"。从传统教学方式向现代"自主式"学生主体教育理念的转变，既符合后现代教育理论发展的现实，也符合高校继续教育转型的实际要求。与其他类型的教育相比，特别是在普通的校园教育中，高校继续教育更注重学生在教学过程中的主动性、积极性和创造性，集中体现在如下两个方面：

（1）"旨学"转向取决于高校继续教育的育人指向。高校继续教育将担负起培养各类继续教育积极性的重任，培养高素质的社会公民。

（2）高校继续教育对象的特点决定了"旨学"转向的必要性。高校继续教育以成人为主要教育对象，与普通学生相比，他们有着丰富的实践活动经验，他们已经具备了独立学习的能力和责任，但他们面临工学矛盾和学时矛盾。教育对象必须选择通过各种类型的自主学习活动来实现学习目标。在这种平等对话的师生互动中，教师和学生以教育活动为中介，构建双向教育关系，使学习者获得知识，提高能力，发展才智，从而推动高校继续教育由学历走向职业，通往转变和学习的道路。

3. 微观视角从"能学"转变"乐学"

从学习者标准出发，以学习为核心，根据各高校继续教育学习方式的多样性和学术重点，努力实现从"能学"到"乐学"的转变。高校继续教育对象具有丰富的社会实践经验，其学习是一种体验性学习，相对关注学习者"学习"的情感和习惯。要真正实现从学术到职业，再到学习的转变，高校必须转变"能学"的传统观念，积极引导教育工作者树立正确的学习态度，养成良好的学习习惯，而掌握先进的学习方法则是以游刃有余的"学习"态度，实现一个由浅到深、逐步积累的螺旋式学习过程，保证学习者自身的可持续发展。

（二）制度转型为保障的原则

对现代教育制度而言，法律制度是首要的强制力量，功利主义是基础的推动力，权利是重要的平衡，包容性是实体价值。同样，高校继续教育的制度转型也要特别注意法制性、功利性、权利性、包容性四大现代教育体系的特点。

1. 高校继续教育制度转型的法制性

在法制性要素方面，高校继续教育主要体现在：

（1）受众对象。与传统教育系统更直观的班级性质相比，它具有范围更大的通用性和适用性。

（2）作用方式。法制还体现在教育秩序的调整和教育模式的调整上，表现为教育法等形式。在制度前提下，调整方式更倾向间接调节。

（3）价值导向。现代教育制度的法律特征体现在立法上，它更好地追求法律面前人人平等的原则，较少偏袒占主导地位的利益集团或阶层的利益，更充分地考虑了群众主体的要求。

（4）推行实践。现代教育制度的合法性体现了公开性和公平性，它具有可预见性和可靠性，消除了传统教育体制的隐性、特权和偏见性。法律制度要求任何现代教育制度的运作要把强制力纳入教育条例的总体纲要，更好地发挥法律效力，促进高校继续教育的发展。并不是让教育条例完全强制性地阻碍高校继续教育的健康发展。

2. 高校继续教育制度转型的实利性

任何一种教育制度的变革，最现实的目标都是建立适应现代社会发展的现代教育制度。在高校继续教育制度的一般渊源中，它是社会上某些社会群体和个人追求自身教育利益的理性过程。当然，在高校继续教育体制转型过程中，关注个人利益，特别是关注个人在生活过程中对全面发展的追求，显得尤为重要，这也是高校继续教育的起源。此外，需要注意的是，高校继续教育制度的制定不仅要着眼个人教育的利益，更要特别注重个人教育利益和公共教育利益的提升。只有终身教育，教育的个人利益才能实现，公共教育的有效性才能有效，高校继续教育体系的实质性作用才能实现。

3. 高校继续教育制度转型的权利性

所有教育制度都是由各种教育关系的动态发展而产生的，然后通过一定制度规则来规范特定的教育关系。目前，高校继续教育体制的转型是在市场经济相对成熟的条件下进行的。在法治条件下，在法律相对健全的地方，权利制度有着基本的实现因素。

（1）高校继续教育制度要具备权利性是市场经济的发展要求。在市场经济条件下，发展继续教育可以合理配置资源、整合资源、共享资源。根据市场经济的基本特点，如资源的合理配置和商品交换的原则，优化人才资源和培训资源。在市场条件下，社会主体享有的权利更加透明、公开、平等。在自由竞争的市场经济条件下建立起来的社会生活是平等和自由的，因此，在市场经济环境下建立起来的教育制度也必须具有先前的权利。

（2）法治社会下的背景为高校继续教育制度的权利性提供了有效保障。教育制度和教育法治是相互依附的，法治制度和法治理念的完善保证了受教育权意识的增强，相应地促进了各种教育制度权力的提升。因此，高校继续教育权是保证人们有机会获得终身学习和自由发展的重要前提。

4. 高校继续教育制度转型的包容性

从高校继续教育的角度，现代教育制度的意义，归根结底，是着眼人民终身学习利益的双重保障和制度有效性的实现。与传统教育体制一元论相反，现代教育体制，特别是高校继续教育体制，本质上就要求多元包容，具体涉及以下内容：

（1）现代教育制度本身具备宽容性。作为一种自由制度，现代教育制度本身是宽容的，具有一定开放性。从某种教育制度的立场来看，这并不是一种排斥其他立场的制度。同样，在转型过程中，高校继续教育制度也应强调包容性，即不同教育对象、不同教育类型、不同教育方法的包容性和涵盖性。

（2）制度的宽容内涵是现代教育制度的体现。具体而言，现代教育体系的价值观具有中性或中立的特征。与传统的教育体制相比，它融合了多种教育主体和教育理念，使之更加包容。高校继续教育体制改革的包容性还体现在纳入了更加多样化的学科和资源。

（三）质量评价转型为根本的原则

高校继续教育质量评估的转型是高校继续教育转型的核心支撑，也是高校继续教育转型能否取得实质性意义的重要组成部分。政府、社会、市场、高校、学习者是高校继续教育的五大基本要素，也是形成高校继续教育质量评价体系的五大保障主体。

第一，充分发挥政府相关部门在宏观质量调控方面的作用。在高校继续教育层面，全国继续教育工作会议的召开和《关于加快发展继续教育的若干意见》的颁布，为高等学校继续教育质量保障体系建设提供了政府层面的支持。因此，在宏观经济政策制定和政策出台的同时，政府相关部门在高校继续教育质量体系建设中应发挥其宏观调控作用。

第二，大力加强社会对整体质量的弹性监控力度。高校继续教育质量的实现，政府相关部门是指导员，社会是牵引者。社会转型过程中日常更新的需要和变化是高校继续教育与时俱进、保持活力的指南针。高校继续教育只有吸纳更多优秀的人力资源，才能适应社会发展的需要，才能获得更多市场支持，才能科学合理地体现社会服务功能。社会是高校继续教育质量的监督者，社会通过建立大众传媒、新媒体、舆论、焦点话题和各种社会评价组织对高校继续教育进行监督，教育行为是合理的预警机制，能更好地引导高校继续教育的发展。

第三，有效推进市场调节。高校继续教育的市场特征实际上是利用市场供求关系进一步优化当前教育资源配置，使教育更具自主性和适应性。市场机制对高校继续教育整体质量的影响是不可见的，这反映在对办学质量的影响、对经营模式的影响以及对人才素质的影响。从招生市场化到专业课程市场化，本质上是对高校继续教育质量的隐性监控。

第四，强化高校的自主管控作用。在众多实体因素中，高校作为学校的主体，处于整个教育质量体系的前列。高等学校是高校继续教育发展的土壤。没有高校的教育机构和现有的资源，高校就不可能开展继续教育。学校是一切教学工作的前提基础。学校自上而下的政策推进和自下而上的政策执行都是确保学校继续教育政策落实、有序发展、质量优良的有效途径。此外，政府调控、市场适应、社会调节的作用要求高校机构内部化，只有从内到外发挥外部环境的质量监督作用，才能实现社会化、市场化等。可见，高校在继续教育中的作用是从监督、控制出发，对市场等质量进行选择和再加工。

第五，实现学习者质量反馈测控的助力作用。学校要充分发挥自我监控和自我管理的作用，要对社会服务负责，对教育主体的学习者负责，提高教学质量和培养质量。高校在人才质量管理中具有重要作用。坚持以人为本的原则就是充分调动学习者的主动性和积极性，确保各项工作和各个环节的质量。相应地，作为学习的主体，学习者对学习质量、教学质量和训练质量有着最直观的认识。学习者在高校继续教育质量的抽样测量和控制中更有发言权，也可以间接反映学校整体教育水平和对高校继续教育的总体认识。因此，要构建一个全球性的质量评价体系，实现学习者的质量反馈测量与控制。

第三节　高校继续教育转型的影响力场

高校继续教育在转型过程中会遇到转型的有利因素和不利因素，高校应根据各地具体情况制定适宜的办法，识别转型时会出现的困难与情况，在向学习导向为主体的终身教育转型之路上，协调各方力量、各项因素，从而确保高校继续教育不仅有型可转，而且转之有方、转之有效。

一、高校继续教育转型的驱动力场

（一）社会需求的拉动力

我国社会正在飞速发展。在社会学意义上，我们可以称之为社会转型，这种转变包括经济形式的根本性转变、科技的不断创新。教育作为社会的一个分支，与社会和其他分支有着极其复杂的联系。社会的发展需要教育服务，社会的发展又制约着教育的发展和变化，这是社会发展的基本规律。教育，包括高校继续教育，必然会受到社会不断变化的影响。高校继续教育社会需求的拉动力主要包括以下几点。

1. 经济形态发生根本性改变

我国经济形态已经从传统的计划经济体制转变为市场经济体制，从自由的经济增长方式转变为集中简约的经济增长方式。随着市场经济发展，社会需求较少的学科逐年减少，直至取消最终招生计划。我国高校继续教育应紧密配合国家经济发展战略和社会发展需要，稳步发展学术性继续教育，大力发展非学术性继续教育，积极发展城乡社区教育，重视农村、边远贫困地区、民族地区和条件艰苦的行业群体等社会成员的继续教育，促进教育的公正公平。

2. 科学技术的不断发展

新时期是知识引领经济的时代，随着人们感知到的知识量的增加，并意识到只有不断学习，才能触动时代的脉搏。现代化、网络化、智能化已成为现代信息技术的主流发展前景，它不仅改变了我们的生活，也深刻地改变了我们的学习方式，这就给传统的教学方法和教学思想带来了新的挑战和革命性变化。

现代信息技术融入高校继续教育，教育将突破课堂和书本，打破高校继续教育的时空限制，使接受继续教育的学生有良好的学习能力。脱离环境的限制和自主的学习时间可以扩大高校继续教育招生范围和教育范围，提高教育效益。可见，现代信息技术水平已经成为推动高校继续教育发展、促进高校继续教育转型的重要力量。

（二）终身教育的牵引力

当前，人力资源和科技进步始终是推动社会经济发展的重要力量。现阶段，我国社会正处于转型发展的关键时期。随着社会主义市场经济的蓬勃发展和各项制度的逐步建立和完善，教育培训成为市场经济发展的重要动力。

在竞争日益激烈的今天，接受非学历高等教育的人数不断增长，成人高等教育的毕业生数量增长缓慢，说明人们对知识的关注程度高于文凭。现代社会的发展要求高校继续教育对原有的规章制度进行质的变革。不断创新和完善高校服务市场经济的模式是对高校的必然要求。高校继续教育更多的是一种终身教育，在这一领域下，建设学习型社会的目标将是适应现实发展的需要，实现教育功能的创新，满足终身教育的需求，使高校继续教育可持续发展，获得更广阔的发展空间。

（三）教育竞争的外推力

在一个高度竞争的社会里，不改变，就很难谋求发展，只有提高效率、收益和声誉，才能在快速发展中保持优势，在竞争环节中取得胜利。现阶段，高校继续教育的竞争表现形式一般包括高校继续教育的相互竞争、高校继续教育与普通高等教育的相互竞争、高校继续教育和其他类型继续教育的相互竞争。

第一，高校继续教育与普通高等教育之间的竞争。长期办学、条件优越与经验丰富是普通高等教育的优势和特点，也是其竞争力所在。然而，由于受到内部资金、条件和影响等因素的限制，高校继续教育的发展是非常困难的。

第二，高校继续教育之间的竞争。不同高校继续教育呈现出相异的背景特征和学校特色，如何在竞争中不断借鉴优势、规避不足，最大化发挥本校继续教育的社会作用是各高校继续教育竞争的主体内容。

第三，高校继续教育与其他类型继续教育之间的竞争。高校继续教育与工程教育、职业教育和市场培训之间都有着竞争关系。依托高等学校的办学条件、资源实体和生源优势，高校继续教育有着强大的竞争优势，也是其在教育领域的重要竞争力。

随着教育竞争时代的到来，高校继续教育要在第一时间调整目标和战略，实现科学转型。疏通渠道，逐步整合，在激烈的竞争中保持自身优势。

（四）教育红利的内驱力

高校继续教育是一种以人的投入和产出为基础的制度组织，利益的追求集中在追求教育红利上。所谓教育红利，是人力资本通过人口投资形成的"报酬"，高校继续教育所能产生的教育红利是人力资本教育投资所产生的社会效益、经济效益和人才效益。高校继续教育的教育红利是持续推动其发展的内在动力。

高校继续教育作为终身教育体系的中坚力量，有责任把优质教育资源与市场资源有机结合起来，加强高等职业教育与社会职业培训。高校继续教育要充分发挥桥梁和纽带作用，完善我国国民教育体系和社会终身教育体系，不断提高自身的市场竞争力和市场价值，在竞争激烈的市场中占有一席之地。今后很长一段时间，只有获得社会需求的拉动力、终身教育的牵引力、教育竞争的外推力和教育红利的内驱力这四大基本驱动力，高校继续教育的转型发展才能在特定阶段收获重要的转型成果。

二、高校继续教育转型的抑制力场

在高校继续教育转型过程中，高校继续教育会遇到多重制约，主要表现在如下四个方面。

（一）传统思维的阻滞力

文化在不同时代和环境中有先进性和落后性。但是，只有先进文化才能在社会发展过程中发挥作用。中华民族绵延数千年，创造了极其辉煌的文化瑰宝，为人们留下了非常宝贵的精神财富，如自强不息、艰苦奋斗；勤劳智慧、艰苦奋斗；爱国爱民、仁政德治；诚实谦虚、敬业快乐；诚实正直、舍己为人；上善若水、尊重自然等。同时，中华民族也是一个以农耕文化为主导的传统农业国家，这种在农耕文化中发展壮大的民族必然具有保守的特点。

我国传统文化所包含的保守性和不易改变性在某种程度上成为高校继续教育转型过程中的文化约束，需要注意的是，由于传统社会文化存在于社会成员的心灵深处，对其影响一般是持久而深刻的。

（二）路径依赖的惯性力

在我国，高校继续教育制度建立之初，主要遵循普通高等教育模式，注重基础知识体系的教学，强调正规办学模式，注重对学历的追求，这些形成的特征具有很强的惯性力。作为一种转型困难的趋势，它引导着整个高校继续教育体系的内在路径，并对后续的继续教育产生影响。

在教育教学活动的组织上，高校也忽视了网络教育自身所具备的特征，有意无意地忽视了网络教育的技术条件、环境和学习者的需求。网络教育课堂大多完全照搬了传统课堂的教学模式。在终身教育的社会形势下，高校继续教育的生存环境正在发生变化，继续教育工作者迫切需要适应新的要求，实施转型改造。然而，随着奖励的增加和自主强化机制的作用，所建立的模型已转化为强大的惯性力。过去，它推动了高校的继续教育体系，与独特的路径相比，遵循现有的模型更为方便和低风险。路径依赖的存在影响改革和发展，在很大程度上阻碍了高校继续教育的转型和发展。

（三）组织停滞的拖延力

组织是以社会生活的具体要求为基础的，人们按照一定功能和利益形式形成一定层次和结构的实体。组织具有目的性、功能性、社会性等自然属性，能够在组织中发挥集体作用，应对外部变化。高校继续教育活动的开展离不开高校的统筹规划和监督。高校作为培养人才的教育组织，与社会上其他组织一样，在发展过程中，由于缺乏与时俱进的学习能力，必然会出现组织停滞现象。高校继续教育机构停滞集中表现在以下方面：

第一，高校办学目标定位模糊，特色品牌意识淡薄。一般而言，高校没有注重质量和品牌，办学没有将特色表现出来，也没有制定明确的发展目标。

第二，高校继续教育机构设置冗余，组织结构庞杂。在部分高校中，其继续教育存在人员庞杂、分工模糊、岗位责任制不明确等问题。

第三，高校继续教育管理程式守旧，激励机制缺失，具体表现为：管理过程以旧形式的内在经验为指导，管理体制僵化，强调教育效果，不强调教育过程，约束学生，无法落实以人为本，实行人性化管理。

第四，高校继续教育教学模式传统，师资资源有待提升。身为学校组织成员中关键的人力资源，教师的思维转换在很大程度上需要紧跟时代的变化。然而，部分教师对传统的教学模式非常熟悉，以至于无法积极主动进行创新，没有树立终身学习的理念，不愿意重新学习和运用现代信息技术，对教学方法与手段进行改进，这样容易在组织领导的决策中造成失误。

作为变革的对象和主体，在变革中，组织决策起着非常重要的作用。如果组织思维不能跟上时代的步伐，高校继续教育改革进程将会受限，高校继续教育转型就无法顺利进行。

（四）个体定式的惰性力

所有改革都需要人加入其中，一直以来，人类活动都处于各种改革和发展的过程中，同时会在很深程度上影响改革过程。无论是改革思路的出现，还是改革方案的实施，继续教育的转型在高校发展中也不例外。高校继续教育转型过程中，思维的惯性和个体的理性活动导致行为滞后，成为高校继续教育转型过程中的一大障碍。个体定式的主要表现如下。

1. 惯性定式

人的习惯是人们通过生产生活实践总结得到的结果，一个人一旦养成了某种习惯，就会经常把过去养成的习惯应用到现实生活中。当遇到与以往习惯类似的事情时，往往会忽略时间、环境和原因的变化，选择用传统思维惯性来应对，而一旦超出了习惯范畴，个人往往会有很强的抵抗力和维持习惯的惯性。然而，转型的首要因素是打破过去习惯的平衡，这样必然会遇到思维惯性的障碍。

2. 知觉定式

人们对所选对象的存在有清晰的感知，而其余的被用作背景，只产生模糊的感知。感知的选择性使人们能够专注自己正在做的事情，避免与外界联系时不必要的干扰。但是，在许多情况下，通过个人经验和兴趣立场的选择性感知可能会阻止人们发现现状中的不足。高校继续教育的转型也存在同样的问题，一些人即使意识到也无法迅速做出反应、及时学习研究，找到解决问题的方法，甚至由于感知的选择性，无知或不自觉地忽视有助于发现和解决问题的线索。

高校继续教育转型的发生和发展，其方向、进程和速度是由力的变化所决定的。力场领域各种力量的构成要素从根本上影响了高校继续教育的转型进程。高校继续教育管理者的任务是积极采取措施，通过不断增强驱动力和弱化约束力，改变两股力量的反补贴力量，促进高校继续教育平稳过渡。[①]

第四节　高校继续教育转型的具体方法分析

一、革新发展理念

革新发展理念，明确高校继续教育办学定位。应用型高校是现代教育体系建设的重要组成部分，因而其继续教育主要是以"应用"为办学导向，对地方经济社会的发展、社会服务和群众文化方面都起到了积极的促进作用，它既是推进学习型社会建设的重要平台，也是高校发挥服务社会职能的重要窗口。因此我国高校在转型为应用型高校过程中，应该端正对继续教育的认识、提高对继续教育的重视，不应该把它纯粹地看作一种创收工具。

（一）宏观发展理念的定位

宏观发展理念的定位：高校继续教育促进社会发展，具体如下。

1. 定位于服务地方经济的发展

高校继续教育要面向社会发展需要，以地方企业和产业为主要服务对象，服务区域经济发展。地方高校继续教育的办学理念要充分考虑它所在地方经济发展的特点，不同地方，其产业特色不同，经济发展模式也不同，要抓住地方特色，创造办学优势，才能突破地方高校继续教育发展瓶颈。例如，秦皇岛是

---

① 陈攀峰. 新时代高校继续教育创新研究［M］.长春：吉林人民出版社，2019：28-37.

个旅游城市，旅游相关专业就是该地区高校的办学优势，继续教育开展过程中应该多开发一些旅游相关培训项目，提升高校继续教育发展的竞争优势。可见，高校继续教育为地方服务模式要充分考虑地方产业特色，根据地方产业要求制定培养目标。

2. 定位于学习型社会的建设

"学习型社会"逐步由概念发展成为现实，成为当今社会学习形态的重要特征。学习型社会是在终身教育思想的影响下形成的一种新的教育理念，是人类文明与进步的崭新社会发展模式，基本特征是实现教育社会化、社会学习化，在整个社会发展过程中起着积极的推动作用。地方高校继续教育总是与其所在区域存在着一种服务关系，因此，高校继续教育应定位于学习型社会的建设，依托高校平台丰富的资源优势，建立以全体社会成员终身学习为基础的教育体系，为其自身的可持续发展创造机遇。

（二）微观发展理念的定位

微观发展理念定位：高校继续教育的个性化发展，具体如下。

1. 人才培养的个性化定位

高校继续教育以人才培养为目标，具体体现在人才培养规格和类型的界定和规范，即应用型人才的培养。例如，高校继续教育必然要体现其特点，注重应用型和技能型教育，立足区域经济社会发展需求，明确教育对象特点，进而为在职人员提供知识更新、技能补充的教育培训，保证教育的实用性。生源的素质不同，意味着教育者应该对每个学生的个性进行分析，按照不同学生的不同学习条件与特点而采取定制化的教育内容与手段。此外，高校继续教育还应认清新形势下社会对新型人才专业技能和科学知识的新要求，从而对其人才培养目标进行准确定位。

2. 品牌建设的个性化定位

高校继续教育是动态的、竞争的。关键是有没有办学特色。例如，地方高校继续教育品牌建设应定位于区域经济发展的需要，结合地方产业发展，充分利用其丰富资源，大力发展特色人才培养，以特色求生存，以特色求发展。打造一个良好的品牌，要做到以下方面：

（1）设计特色教育项目。结合各自所在区域社会发展需求以及各校办学优势设计出该校特色教育项目，突出对行业发展的针对性和实用性。

（2）稳抓质量。人们选择好的教育，在很大程度上相当于在商场里选择质量好的产品。质量好，自然有好的口碑，会有更多人可以选择。

（3）加大内涵建设。内涵建设需要对教育资源进行深入研究，学校的专业设置应与经济社会发展建立起非常紧密的联系。

因此，可以通过调研了解产业特点，并依托自身学科建设优势来创造特色品牌效应，如通过教材开发、实训基地合作、培训宣传等方式来增加内涵建设。

二、变更发展重心

变更发展重心即非学历继续教育取代学历教育的发展重心。国内高等教育大众化的推进，致使社会转型、产业结构转型升级及学习型社会构建理念的深入，为非学历继续教育提供了巨大的发展空间。

（一）改革学历继续教育职业导向

高校学历继续教育作为国家承认文凭的一种正规的教育类型，满足了广大人民群众提升学历层次的需求，同时也是培养社会主义建设人才的重要途径，其存在的价值受到社会普遍关注和认可。为了确保学历继续教育的长久健康发展，建设新型职业教育体系，完善终身教育体系和构建学习型社会，有必要采取一些有效方法来抓好学历继续教育的发展，具体如下：

第一，科学设置专业。国内各地方高校要积极开拓生源市场，并合理控制办学规模。在招生工作上，要紧扣市场变化，本着"服务市场、开拓市场、抢占市场"的原则深入市场调研，研究市场发展规律和企业发展需要，科学设置专业研究结果，开发合适的继续教育课程。

第二，改革人才培养方向。人才培养环节要朝着应用型方向改革，改变传统在学历补偿教育阶段的"学科导向"，优化学科专业布局，建立专业管理和课程建设的新机制，完善工学结合、产学研结合的培养模式，健全宽进严出、灵活开放的教与学制度。

第三，开设新专业。集合学校各方力量，通过多种形式进行招生宣传，同时以职业发展为导向，注重新专业的开设也是招生的亮点。

第四，开展校企合作。重点瞄准区域内的重点人群及企业，并试图开发培训项目，开展校企合作。

（二）鼓励并发展非学历继续教育

我国颁布印发的《高等学历继续教育专业设置管理办法》规定，普通高校、高等职业学校须在本校已开设的全日制教育本、专科专业范围内设置高等学历继续教育本、专科专业。与学历继续教育相比较而言，随着经济的发展、市场发展需求以及各岗位的素质要求，非学历继续教育具有实用性、实效性和前沿性特点，当前得到了各教育主管部门、企事业单位及继续教育办学主体的重视，而且规模越来越大。非学历继续教育的发展有着重要意义，因此，应该鼓励并大力发展非学历继续教育。非学历继续教育的发展意义主要表现在以下方面：

第一，有利于满足社会成员全面发展的需要。个体成员通过参加非学历继续教育可以全面提升自我素质，紧跟时代的发展需求，为社会发展注入新的动力，从而实现自身可持续性发展。

第二，有利于提升服务地方经济发展的适应能力。非学历继续教育的市场性特点决定了高校非学历继续教育只有以市场需求为导向，才能更好地服务社会经济。

第三，有利于构建终身教育体系。要构建终身学习体系，仅靠学历继续教育是远远不够的，而非学历继续教育灵活、自由的办学特点可以有效促进社会成员参与终身学习。

三、创新办学模式

（一）加强高校继续教育合作办学

高校继续教育在发展过程中面临许多制约因素，这些制约来源办学场地不足、师资不够多元、资金投入不够等因素，这就使得高校不得不选择合作办学这种模式来扩大办学空间，这样既解决了自身短缺，同时也精确培养出合作方所需要的规格人才。高校可以通过合作办学解决的瓶颈问题包括以下三方面：

第一，从国家政策层面上，继续教育合作办学可以加大民办力量对继续教育发展的支持。国家政策鼓励民办企业与高校合作办学，有利于推动继续教育的发展，促进经济社会的建设。

第二，从高校的资源上，继续教育合作办学可以使高校获得相应人财物力的支持。我国部分高校继续教育的顺利发展离不开大量师资、场地、资金的支持，合作办学可以有效为高校提供这些资源。从某种特殊含义而言，继续教育与合作办学两者可以形成共赢模式。

第三，从继续教育的项目研发上，合作办学结合继续教育能够使其研发项目进一步符合市场需求。行业的发展离不开经济的支持，经济的繁荣少不了技术的支撑。长期以来，高校继续教育在研发上偏理论教育，在应用方面则略显短板。合作办学以全新的办学模式把市场需求融入继续教育的项目中。

（二）加大高校信息化教学力度

1. 加大高校信息化教学力度的意义

信息技术的快速发展和普及给继续教育发展带来了无限可能，为学员自主学习、个性化学习提供便捷的支撑。《国家中长期教育改革和发展规划纲要（2010—2020）》中强调，"信息技术对教育发展具有革命性影响，必须予以高度重视"。加快数字化教育设施的普及，实现继续教育信息化教学，给继续教育现代化教学带来许多益处，具体如下。

第一，加大高校信息化教学力度，可以促进教学方法和管理模式的改变，有利于教学质量的提高，也有利于管理效率的提高，从而加快创新人才的培养速度。

第二，继续教育采用信息技术，打造一个巨大的教育资源库，像名校公开课、MOOC等很好地聚集来自世界各地的优质教学资源，给学生带来优质体验。

第三，信息化技术改变了传统课堂教学互动方式，学生可以通过电子邮件、腾讯QQ、微信等方式与教师进行沟通和交流，及时获得知识。

2. 加大高校信息化教学力度的方法

（1）做好网络基础的建设。继续教育的学员包括校内脱产学习者，也包含校外非脱产学习者，还有一批分布在国内外各地受教育的学生，这就要求继续教育信息化发展保证网络基础建设过硬。校内信息化基础建设可以通过多媒体教室、资源中心机房、学生宿舍、办公场所等加强建设。对于校外信息化建设，学校可以通过互联网技术，把优质的教学资源开放化，为校外学生提供便捷的学习方式。

（2）加强教学资源的建设。继续教育信息化教学资源是教学的核心内容，是高校继续教育研究的知识集成，这些丰富的资源是继续教育信息化的基础。教学资源的集成不应该局限于校内，在教学资源自主研发和不断更新的同时，也要加强校内外、国内外的资源引进和共享。

（3）运行机制建设。高校继续教育信息化是一项系统工程，其设计、技术实现和管理等方面需要一个完善的运行机制来支撑。因此，高校在建设信息化技术时要重视对每一个环节的把控，使其规范化，朝着有序的方向发展。

四、强化办学保障

（一）打造师资队伍，增强教学质量

高校继续教育师资队伍建设的好坏决定了其教学质量的优劣，直接影响到其继续教育办学的发展水平。因此，良好的师资力量是高校继续教育发展的重要保障，关乎其继续教育的生存。以质量求生存，从长远的发展看，高校继续教育稳定、和谐、健康发展，需要一支结构合理、素质过硬、专兼职结合的稳定性高的教师队伍。

1. 教师职业特性与素质

（1）教师职业特性。高校教师职业的特性主要体现在以下5个方面：

1）教师职业的学术性和专业性。学术职业是以专门知识为中介的一种特殊类型的职业，从事的是专门的教学、研究和知识服务工作。专门化的知识是学术职业的基础。学术性的主要特点是教师对某一学科领域从事独立研究，有个人独立见解，教师可以充分发表个人的研究成果而不受干扰和约束。专业性有两方面的含义：一是指教师是专门的职业，别人不可以替代；二是指从事某

一专业教学和研究，如数学教师、物理教师、语文教师、外语教师等。

高校中要对学生进行各学科专业方面的教学，因此有各学科专业方面的教师。有的教师从事基础课教学，有的教师从事专业课教学，每个教师都有自己的专业课。他们要熟悉专业知识并能传授给学生，而且要有与该专业相关的知识，要及时掌握该专业领域的最新发展。教师为了搞好教学工作，不能仅依靠课本知识还必须进行研究探索，把自己研究的成果内化为自己的知识传授给学生。教师要把教学与科研结合起来，要对自己所教的专业知识进行研究，并积极开展科研活动，接受和承担科研项目。

2）教师脑力劳动的复杂性和艰苦性。教师的劳动是塑造人的劳动，是从事劳动力再生产、科学知识再生产和社会成员再生产的一种特殊劳动。教师每天面对的是学生，学生的复杂性、多样性、多变性决定了教师劳动的复杂性和艰苦性。要使每个不同的学生都能受到教育，都能有提高、有进步、有发展，不是一件容易的事情。另外，知识的无穷性、交叉性、复合性也决定了脑力劳动的复杂性和艰苦性。脑力劳动是需要教师依靠自己的再思考、再加工、再创造。教师要上好课，不可能仅仅靠教学大纲、一个教案就能解决所有问题。教师要有广博的知识，高超的思维能力、应变能力，才能及时处理好在教学过程、育人过程中遇到的各种不同问题。

3）教师工作的创造性和灵活性。教师从事的是创造性的个体劳动，他们要向学生传授课本知识、专业知识，对学生进行思想道德教育。如何把书本上的知识变成生动有趣的、学生容易接受和吸收的知识，必须有创造性和灵活性。教师在教学中要旁征博引、举一反三，要能够理论联系实际，善于应用现实生活中的材料。高校是知识传播、应用和创新的主要基地，又是培育创新人才的重要摇篮。高校的创新主要依赖于教师的创新精神和创造性的工作。教师不仅要在传授知识的过程中有创新和创造，而且要引导学生去创新和创造。如引导学生探索未知领域，引导学生独立思考，引导学生独创性地解决问题，尊重学生的独立见解，鼓励学生超越老师。

4）教师职业的独立性和自由性。教师职业的独立性体现在教学独立、研究独立、责任独立。教师在教学过程中，尽管有教学计划、教学大纲，有规定的课程教材，但都要通过教师独立思考、独立操作，内化为个人的独立行为。自由性是指教师的学术职业是一种自由的职业，教师的研究和教学是自由的，教师也可以自由流动，从而促进学术的交流。

5）为人师表的示范性和榜样性。教师是直面学生进行"传道、授业、解惑"，要让学生接受教育、增强接受度，教师除了要有丰富的知识和教学技能外，还要有人格魅力。教师要用自己的行为为学生做示范做榜样，起到好的教育效果。教师的言行、仪表、风度、气质都对学生有很大的影响，具有潜移默化的作用。因此，教师必须时时处处严于律己，以自己的高尚品德、健康心灵、治学精神感染学生、教育学生。

（2）教师的素质。教师的素质主要体现在以下 4 个方面：

1）高校教师应具备的现代教育观。第一，全面发展的教育观。新时期高校的培养目标是德、智、体、美全面发展的具有创新精神和实践能力的高级专门人才。为此，教师必须树立全面的教育观，对学生实施包括德育、智育、体育、美育等在内的全面发展的教育。把育人为本作为教育工作的根本要求。要以学生为主体，以教师为主导，充分发挥学生的主动性。要以学生为中心，因材施教，促进每个学生主动地、生动活泼地发展。教师在教育教学过程中不仅要重视智育，更要重视德育，还要加强体育、美育、劳动技术教育和社会实践，诸方面教育相互渗透，协调发展，促进学生的全面发展和健康成长。树立全面的教育观，具体到实际的教育教学实践中，就是要坚持以人为本，全面实施素质教育，全方位地提高学生的综合素质。从根本上而言，素质教育与全面发展教育实质上是一个问题，人的素质的提高也就是德、智、体、美、劳等的全面发展。全面发展教育是从总体上把握人的培养和教育，而素质教育则是全面发展教育的具体体现。

第二，以学生为本的民主观。教师的学生观决定着教师的教育态度及相应的教育方式，支配着教师的教学行为，并进而影响到教育教学的实际效果。以学生为本的民主观主要体现在三个方面：①承认学生的权利，尊重学生的人格尊严；②尊重学生，平等地对待学生；③以有利于学生的发展作为教师工作的出发点和根本目的。只有承认学生的权利，教师才有可能真正平等地对待学生，只有平等地对待学生，才有可能真正地促进学生的全面发展。当然，尊重学生、平等地对待学生，并不等于无原则地迁就、放纵学生，反之，还要严格要求学生。

第三，个性化的教学观。传统教育往往强调整齐划一，由教师根据班级中等程度学生的情况来设计教学内容、教学方法、教学进度，用统一的教学内容、同样的教学方法、统一的教学进度来对全班学生进行教学，这样的方式不利于学生的个性化发展。

现代教育强调发展学生的个性，要求教师树立个性化的教学观，根据学生的不同才能、兴趣和爱好，施以不同的教育，为学生提供尽可能的自由，允许学生根据自己的实际跨专业、跨学科选修若干课程，为学生个性的发展创造充分的条件，使每个学生的个性都得到充分、自由的发展，此处所强调的发展学生个性与前面所说的全面发展并不矛盾，因为全面发展不是用一个标准的尺度去要求和培养全体学生，而是为学生个性自由、全面地发展提供无限的可能性。

2) 高校教师应具备的教学理念。第一，在培养目标上，从重育才向重育人转变，要改变片面的人才观。很多人认为"人才"就是指个人的知识和才能，因此把主要精力和时间放在传授知识、培养能力上面，放松了对思想品德以及身体素质、心理素质方面的培养。学校高校教育必须重视帮助学生树立德育为先，以人为本的教育观和人才观。以人为本是指以学生全面素质提高、全面发展为本。

第二，在教学目的上，从重传授知识向重培养能力转变。我国的教育长期以来有重理论轻实践的倾向。很多高校学生学了许多书本知识，但出现了理论脱离实际的情况，学生实践少，学习能力、动手能力、社交能力较差。所以，在继续教育中，应当重视素质教育，而素质教育的重点是培养学生的创新精神和实践能力。

第三，在教学内容上，从繁、难、窄、旧向精、复、宽、新转变，从重结论性知识向重方法性、价值性知识转变。例如，新时期的高校继续教育在教学内容上，应当增加现代社会知识，顺应多学科相互交叉、融合发展的趋势，在教学内容上要精一些，知识面要宽一些，要给学生复合性的知识、新的知识、人文素养的知识。要向学生传授并让学生体验知识产生的过程，介绍知识的价值，激起学生学习的兴趣和对知识的热爱。

第四，在师生角色上，从教师中心论向学生中心论转变，树立教师、学生双主体观。在高校继续教育中，应以学生为中心，发挥学生在学习中的主体作用，教师起引导作用。教师要围绕学生转，要根据每个学生的不同情况制订培养计划、教学内容、使学生在学习上有自主权和选择权，要让学生参与到教学进程中去，要调动学生的积极性。

第五，在教学方法上，从单向性、封闭性向互动性、开放性转变。教学活动应是教师和学生双方互动的行为，当前教育强调在教学上要激活课堂、激活学生，把学生当作课堂的主体，学生既是"听众"（观众），又是"演员"，教师要根据不同的教学内容、不同的教育对象，采取多种教学方法，把讲授式、研讨式、报告式、答题式、直观演示式、实验式等结合起来，充分调动学生学习的积极性。科学的教学方法是提高教学效率、提高学生学习能力的重要途径。

3) 高校教师应具备的身心素质。身心素质包括两个方面的内容：一是身体素质；二是心理素质。良好的身体素质是其他素质发展的基础。教师只有具备了强健的体魄、旺盛的精力，才能胜任长时间、高强度的教学科研任务以及社会服务工作。教师要积极参加各种体育活动，养成良好的体育锻炼习惯，以增强自身的身体素质。心理素质主要包括创新精神、协作精神、心理承受能力、坚强的意志和顽强的毅力、交际能力等。高校教师要具备良好的身心素质，需要注意以下 4 个方面：

第一，创新精神。创新是一个民族的精髓，是国家兴旺发达的不竭动力。具有创新精神的高级专门人才的成长，受多方面因素的影响，但教师的素质尤其是创新精神和创新能力，对学生成长的影响更大，作用更直接。因此，新时期高校要培养具有创新精神的高级专门人才，优先要求教师有创新精神，不盲从，不守旧，锐意革新，勇于进取。

第二，协作精神。高校教师的主要任务是人才培养、科学研究和社会服务，它们都需要教师具有协作精神。从人才培养方面而言，学生的成长是教师集体共同劳动的结晶，需要全体教师在教育过程中互相协作，才能达到理想的教育效果。从科学研究方面而言，教师在探索新的领域时，光靠自己单个人的力量往往难以胜任，需要同事之间、同行之间进行校际乃至国际上的协作，才能共同攻克难关，即使是社会服务，往往也不是教师个人的事情，而是以教师群体的形式进行。

第三，心理承受能力。随着市场经济体制的逐步建立，竞争机制被引入高校之中，教师面临来自学校、同事、学生和家庭的多重压力。这就要求教师要有良好的心理承受能力，否则就会感到紧张、焦虑，不但不能胜任教育工作，甚至还会对自己的身心健康产生不利的影响。

第四，坚强的意志和顽强的毅力。由于现代教育和科研工作的复杂性，高校教师在具体的教学和科研工作中难免会遇到一些出人意料的失败和挫折。面对失败和挫折，教师应冷静地分析失败的原因，认真总结失败的经验教训，变挫折为动力，以坚强的意志和顽强的毅力去克服困难、摆脱困境。

2. 高校继续教育师资队伍的建设

（1）建设独立的继续教育专职师资队伍。要想办好教育，必须有自己稳定的师资队伍。高校继续教育也不例外，目前高校继续教育师资队伍主要依靠普通高校教师兼职的做法，已经越来越不能适应继续教育发展的需求。随着终身教育观念深入人心，人们对继续教育的重视程度提高，人们希望继续教育不仅仅是获取高校学历文凭的附属渠道，还希望继续教育能够提供高校以外的专业技术指导。拥有自己的学科建设体系，建立自己的专业师资队伍，成为继续教育发展的必然趋势。

高校继续教育固然不需要建立一支"大而全"的教师队伍，但满足继续教育性质要求的教师却不可不要，尤其是应更强调"双师型"的特色，这是因为继续教育生源的特殊性，对教师的专业实践性要求更强。因此造就一支数量适中、结构合理、素质优良的专职师资队伍也是非常必要的，更是大势所趋。

（2）建立稳定的流动师资队伍。随着我国继续教育的大规模发展，教育需求增加和师资队伍不足的矛盾将进一步加剧。为了完成高校继续教育的发展目标，除了建立专业师资队伍以外，高校继续教育不可避免地要采用聘请兼职教师的方式解决师资短缺的矛盾，但关键是要建立一支稳定的流动师资队伍。高校要充分利用社会上的资源和有从事继续教育意愿的人员，并建立流动师资队伍数据库，加以规范管理，做到有备无患。对于社会人员从事教育，应该审查其是否具备教书育人的资格，随着我国教师资格认证体系的完善，应该要求所有继续教育的兼职教师除了具备相关专业的学历水平以外，还应该拥有相应级别的教师职业资格，严把入口关，从源头上保证师资整体素质。

（3）领导重视，有针对性地开展培训。高校继续教育师资培训是一项经常性和长期性的工作，制定出师资培训计划并加以正确执行，是继续教育的重要部分。各高校应当根据学校的性质与任务，深入了解本校师资队伍的详细情况，并对学校学科发展趋势、专业设置、课程建设和人才培养任务做科学预测，对承担继续教育任务的教师队伍进行培训。

领导重视是开展培训的首要条件。普通高校的各级领导要认识到，大力发展继续教育，是推进我国工业化、现代化的迫切需要，是促进社会就业的重要途径，也是完善现代国民教育体系的必然要求；更是贯彻全国职业教育工作会议精神，努力开创职业教育工作新局面的需要，因此在高校继续教育师资培训工作上，要把高校继续教育师资队伍的建设纳入学校总体发展中，统筹考虑，使该项工作经常化、制度化和规范化。学校不仅要从生活上给予继续教育教师更多的关怀和帮助，还要让他们与普教教师一样有机会获得同样的荣誉和承认。

开展多种形式的培训。第一，建立普通高校继续教育师资培训的专门机构，配备专职管理人员，聘请在继续教育领域教学或研究有造诣的专业培训师或者设置自己专门的培训师。在具体制定继续教育师资培训计划时，可根据各高校性质、规模和继续教育师资队伍建设规划，制定不同的培养方案和培训计划；或者是有要求、有计划地开展教师培训，使师资培训经常化；或者通过专业教师与兼职教师所形成的学科队伍的科研实践进行；也可以通过教学实践进行内部交流。另外，为使师资培训工作经常化，各高校和地方成人教育当局可以每年从教育总经费中拨出相应的款项用于师培工作。

第二，有计划地、分期分批地派送有关专业教师到有关企业、部门进行实践操作训练，实践时间每年累计应不少于三个月。学校鼓励专业教师利用各种机会进行学习，如指导学生到企业、酒店实习的期间进行学习。对在这方面表现好的教师要给予表彰，以此来激励专业教师尽快提高技能水平。通过实际操作训练，可极大地提高专业教师的实践动手能力。同时，使其所学专业理论知识与生产实际得以有机结合，为今后的课堂教学积累丰富的素材。

第三，有关专业可定期举行专业技能考核和竞赛活动，不断提高专业教师的动手能力。高校要制定规章制度，明确规定凡在考核和竞赛中取得优异成绩的，可作为职称评定和晋级的参考依据之一。这样可以有力地促进专业教师技能训练的自觉性，增强其竞争意识，提高其专业技能水平。

第四，开设切合自身实际的培训内容。应加强继续教育教师职业道德教育。市场经济带来的多元价值碰撞，对高校继续教育中的职业道德教育已经形成极大的冲击，尤其是目前人们对职业价值观的判断，较多都按现实利益标准而不是传统道德标准的倾向，在一定程度上影响了学生正确的职业价值观念的形成。由于高校继续教育学生来源复杂，而且在继续教育学生逐渐年轻化，学生的思想道德教育问题比较突出，这就要求教师以高尚的人格感染学生，而教师的人格魅力来源于高尚的师德。学高为师，身正为范，因此更有必要对继续教育教师进行职业道德教育，一方面有利于加强自身的责任感；另一方面有利于掌握必要的方法对学生进行施教，只有两者结合才能达到言传和身教的目的。

第五，加强高校继续教育教师的技术培训。一般而言，普通高校继续教育的教师，大部分是来自本校普教的教师，他们或许早已经具备广泛的基础知识、牢固的专业知识、丰富的教育科学知识，也具备教育、教学、科研工作所需要的能力，但继续教育和普通教育还是有一定的区别，无论是脱产、函授、业余还是各种形式培训，要想使他们尽快地在继续教育领域也能游刃有余地运用自己的知识和能力，就需要有针对性地开展师资培训工作，掌握适合继续教育学生的教学方法、教学手段，使他们尽快熟悉继续教育的特点和教学规律，以至在教学中能够做到因材施教、有的放矢。

（4）构建继续教育教师可持续发展的管理体系

更新管理观念，广开人力资源。继续教育师资管理人员的管理观念具有导向功能、凝聚功能和强化功能。继续教育师资管理观念要具有时代性、社会性和实践性等特征。管理者首先要树立坚定的服务观，努力为教师创建和营造良好的教学物质环境和舒心的教学氛围；其次要树立全面的系统观，准确清楚地把握和处理整个系统中的每一个因素；再次树立科学的评价观，要应用辩证的发展的观念全面综合地进行评价，使评估工作日常化；最后树立正确的人力资源观。管理者要充分认识到，继续教育师资是一种可以重复利用的资源，具有积累效应和强大的潜能。既要注意到这种资源的持久性和可重复利用性，更要注意调动人的主观能动性。

（二）优化管理模式，提升办学秩序

为确保高校继续教育适应新时期的社会需求，必须根据新时期产生的新形势不断完善高校继续教育管理模式。高校继续教育创新管理模式具体可以从以下方面进行：

第一，提高管理认识。继续教育的重要性决定了其管理的意义，继续教育持续健康的发展离不开一套行之有效的管理系统，积极维护管理工作，才能保障继续教育井然有序地运行。

第二，紧跟市场需求。根据新形势下经济社会对应用型人才的需求，制订具体的培养方案，加强对校企合作的管理，为继续教育的稳定发展打下坚实基础。

第三，优化监督管理。组织理论水平高的教授和具有实践技能的专家成立教学管理组，及时对教学管理工作进行监管和改进，逐步形成一套系统、科学的继续教育管理制度。

第四，优化分配激励机制。科学的分配激励机制有助于促进各学院、部门工作人员强烈的工作积极性，使他们坚定地朝着工作目标行动。根据现代激励理论，按照多劳多得、职责与权利一致的原则实行分配制度。

另外，还要考虑健全财务管理办法，明确各职能部门、各专业院系在继续教育事业承担的角色与责任，确保继续教育管理体制的健全。管理制度中的激励策略是高校继续教育管理体制的重要内容，应该引起高校重视。

(三) 完善政策法规，保障有法可依

高度重视继续教育立法工作，可以确保继续教育的发展有法可依。《高等学历继续教育专业设置管理办法》，是我国第一个统筹高等教育继续教育专业教育、简政放权的文件。规范管理，制定各类高等教育继续教育专业的管理政策；转变管理方式，明确职责和管理程序，加强信息服务和过程监督。

当前，需要有关部门加强继续教育政策法规建设，在加强政府相关部门调控的基础上，约束继续教育方向、发展模式、规范管理，提高高校继续教育意识，形成完善的继续教育制度，提供更加公平、优质的继续教育，规范办学，为继续教育顺利过渡提供坚实的制度保障。

完善高校继续教育的法律法规是国家对高校继续教育提供的最坚实的后盾，不仅仅体现出国家对高校继续教育发展的认可，更能将高校继续教育办学深入人心。

(四) 完善软实力建设，提高继续教育能力

高校继续教育软实力，是指采取一定方法，通过吸引而不是强制继续教育广大师生员工与校外人员，来达到继续教育办学目标的能力。

1. 高校继续教育软实力的特征

(1) 相对于仪器设备、场地等硬实力具体、量化、显性特点，高校继续教育软实力作为一种特殊的隐性资源表现出非物质形态特征。

(2) 高校继续教育软实力不是先天就有的优势，而是随国家政策、高等教育发展趋势等方面的变化，通过与校园文化、社会文化等的交流融合以及广大

从业人员的积极工作，并在所产生的劳动成果与社会经济效益影响下，其创造创新能力、主导协调能力和包容适应能力的集中反映和必然结果。

（3）高校继续教育硬实力可以通过集中人、财、物，在短时间取得较大成效，但软实力的培育和塑造却具有信用特点，即蓄积时间长，影响因素多，维护成本高，且易丧失；作为后发优势，软实力一旦塑造成型，其特质稳定，不易被复制，有较强的独特性。

（4）高校继续教育软、硬实力相互影响，相互促进。因继续教育的价值理念、文化意识、发展模式等如得到校内外广泛认同，甚至效仿，将极大促使其在谋求内部支持与外部协调过程中获得至关重要的人力、政策与环境支撑。硬实力要发挥作用，必须得到继续教育从业人员配合，否则其所产生的功效将大打折扣。

2. 高校继续教育软实力的提升路径

（1）以思想理念转变为先导，加强对提升继续教育软实力重要性与必要性的认识。在国家、地方和高校共同努力下，继续教育硬件条件得到一定程度的改善，但是，由于参加继续教育学习的人员规模的扩大，以及社会对后高校教育的人才培养评价模式的变化，对高校继续教育在专业开设、课程设置、创新创业教育等造成压力，同时，受长期管理体制与运行机制缺陷的影响，继续教育在利用现有装备技术、发挥从业人员主观能动性等方面存在隐患。因此，相关决策层及继续教育从业人员，都应从高校人才培养链的完整性、科学性，以及在国家管理顶层设计不断完善的背景下，站在继续教育如何生存发展的战略高度上，彻底转变继续教育在某种程度上会降低高校自身形象等陈旧观念。因此，在稳步增强继续教育硬件实力的前提下，不断在继续教育的学术研究环境氛围、从业人员道德价值理念、人才培养对象之创新成果的推广、自身魅力等软实力方面加强建设，从而使继续教育的作用、地位与功能逐渐为广大师生员工及高校其他子系统所认同，并为充分发挥自身综合竞争力奠定基础。

（2）以强化文化建设为核心，增强继续教育软实力的感召力与吸引力。高校继续教育功能与作用的实现，其根本在于继续教育之精神风貌、道德评判与价值吸引等内在文化精髓的存在，它通过人的传续，对物的操作，从而形成继续教育自身及从业人员在精神素养、价值道德、理想信念、人文修养、人格特质等方面的独特特质，不断发挥凝聚、润滑、黏合、统合功能，给人以同化、激励和熏陶。在继续教育文化建设进程中，要处理好继续教育所处微观本体与学校和社会所处宏观主体之间、继续教育从业人员与继续教育本体之间、继续教育本体与社会同行业之间的关系。要通过与高校校园文化的融合，吸收其合理、先进的养分，从而体现出共同的教育背景、深刻的人文特征和多元化价值理念，这既是继续教育文化的生存基础，也是其可持续发展必须依赖的重要理论依据和进行实践检验的试金石。

（3）以推进人才队伍建设为突破口，增强继续教育软实力的亲和力。社会经济发展的最终落脚点，就是如何促进人的全面发展，并以此带动社会经济前行。继续教育人才队伍站在其软、硬实力的交汇点上，起着融合、沟通、协调、配置、运用两种实力的作用。第一，将人事制度改革作为继续教育人才队伍建设的核心，通过定性、定量分析，合理确定其与高校本部相关人员比较的基点，实现按劳取酬；根据"鲶鱼效应"原则，增设临时和流动编制，以解决管理人员与教学人员数量不足、整体素质偏低、群体活力不够等问题；设置若干继续教育体系的关键和高端岗位。第二，将系统培训作为人才队伍建设助推器，通过灵活多样的培训，逐步增强其对本职工作和组织的满意度和归属感。第三，以长效激励机制为人才队伍建设调控器，通过充分发挥职称评定的杠杆作用，制定、实施表彰奖励制度等，全力调动从业人员主观能动性。

（4）以科学评价体系为保障，大力推动高校继续教育软实力创新环境平台的构建。高校继续教育软实力是一个包含规章制度、人力资本、文化氛围、价值道德、敬业精神等子系统在内的大系统，要实现软实力大系统协调运转，就要建立一个目标明确、程序合理、层次分明、项目科学、操作简便、结果公正的评价体系，以此引导子系统的整合。第一，利用高校相关平台进行深入宣传，形成系统内外加强继续教育软实力建设的公共舆论，并通过继续教育成果展示、实际功效示范，使这种舆论内化在继续教育系统各组成模块中，从而获得广泛的实践价值认同。第二，以继续教育诚信体系建设为纽带，建立多元化的评价机制，拓宽评价渠道。目前，通过自主创新、原始创造获得的科研成果，其真实性与可靠性正成为评价的重要组成部分。应在先前简单核定招生规模、仪器设备利用机时数、研究成果数量与等级的基础上，通过本质、结构、心理和调控等分析，加强对继续教育人力资本和自身环境在道德信念、理想价值、个性品质、环境氛围等方面的考评。第三，以继续教育人才培养对象的创造、创新与创业能力的培养为契机，打破专业壁垒，减少不必要的审批程序，为继续教育软实力创新平台的构建做出努力。

综上所述，随着以素质教育与创新教育为核心的战略全方位实施，高校继续教育势必成为践行先进教育理念与推进人的全面发展的重要阵地。在硬实力达到一定高度后，需要进一步扩大其对外影响与吸引力，就必须尽快增强软实力。继续教育及从业人员所具备的高尚的人格，科学的态度，锲而不舍的精神，包纳宽容的心胸，报效祖国、回馈社会的责任感，是继续教育不断获得社会认可，并最终走上可持续发展道路的不竭动力。因此，我们只有充分领会科学发展观内涵，在学校其他子系统配合下，才能使软实力在高校继续教育的跨越式发展进程中做出更大贡献。[①]

第五节　"互联网＋"下的高校继续教育的转型发展

新时期的改革规划明确表示，将全面积极地发展"互联网＋教育"，将信息技术与教育教学在更深层次上进行融合，对于存在优势的教育资源，要积极全面实现"共建共享"，对于继续教育平台的建设要更进一步推进，在"互联网＋"的发展形势下，给继续教育的发展带来了新的机遇，也带来了许多挑战，这就要求我们认真研究高校继续教育的转型发展路径，适应"互联网＋"继续教育的新形势，推动继续教育的创新发展和转型。

一、"互联网＋"下高校继续教育的特征

"互联网＋教育"是利用互联网思维方式变革传统教育行业，借助开放数据为传统教育提供机遇，整合庞大的教育资源，构建资源共享的教育教学平台，加快教学方式走向智能化，以满足学生多样化、个性化学习需求。"互联网＋继续教育"不能等同于一般意义上的在线教育或网络教育，而是以互联网为基础设施和创新要素，不断创新教育的组织、教学、服务等模式，深度融合平台、资源、服务三大要素，有效连接环境、学校、课程、教学、学习、管理、评价、教师发展等八大教育核心业务，形成一套云、网、端一体化的新型教育支持服务体系。"互联网＋"时代继续教育呈现出以下特征。

（一）技术形式层面的特征

从技术表现形式而言，"互联网＋继续教育"呈现信息化、虚拟化、智能化的特征。"互联网＋继续教育"能够通过大数据系统，迅速抓取师生、教学、资源、管理等方面的信息并进行分析处理，为教学管理者提供更为科学的管理依据，使继续教育具有信息化特点；能够借助云平台，跨越时空限制，将教学活动置于网络环境中，整合优化教学资源，建立数字化课程资源库，为学生提供更加优质、丰富的教学资源，体现了继续教育虚拟化；能够实现多终端浏览微课、翻转课堂、MOOC 等即时在线课程，为学生提供更灵活的学习方式，学生可以随时随地获取学习资源，促进继续教育智能化开展。

（二）组织方式层面的特征

从组织方式而言，"互联网＋继续教育"呈现共享性、开放性、交互性的

---

① 杨安，冯清平 . 高校继续教育软实力初探[J]. 继续教育研究，2013（1）：10-12.

特征。互联网技术为创新服务模式提供了基础，"互联网＋继续教育"打破传统的单一式以及僵化式服务，促进不同教育机构的合作和联盟，推动教育机构之间的资源共享，以便真正实现以成人学生为中心，满足他们多元化、个性化的学习需求；同时，互联网技术改变了传统的继续教育模式，通过对教学资源进行重新整合，实现资源的跨界融合，为学生创设基于自适应学习的泛在性、个性化的学习环境；此外，互联网技术促使学生的沟通和协作及知识的分享与传播更加便捷快速，体现出"互联网＋"时代继续教育的交互性。一方面，学生可以凭借丰富多样的交互工具，通过同步或异步的方式与其他同学讨论交流，合作完成学习任务，实现学习互动与信息交互；另一方面，现代信息技术打破了教育机构对知识的单方面垄断，知识可以被快速传播和及时更新，每个人既是学生也是知识的传播者和生产者。

二、"互联网＋"下高校继续教育转型发展的机遇

（一）优化高校继续教育资源配置

当前，我国高校继续教育取得了显著成绩，为社会培养了大批人才，但也存在继续教育优质资源分布不均等问题。高质量教学需要优秀教师和优质的教学资源，但是，我国优秀教师和教学资源分布不均，在边远学校和教育水平相对较低的学校，优质教师和教学资源相对匮乏，这将导致地区之间和学校之间继续教育差距的扩大，阻碍这些地区和学校继续教育的发展。"互联网＋"使得重新配置教育资源成为可能。互联网可以最大限度地利用优质的教育资源，拓展优质教育资源的使用，使不同地区的人们都能享受到优质的教育资源的价值。进一步促进教育公平，促进终身学习的实现。

（二）促进高校继续教育加速发展

目前，在我国高等学校继续教育学习中，传统教学普遍存在，多样化教育、个性化学习发展并不乐观。"互联网＋"继续教育的发展、大数据在继续教育领域的应用使得学习者根据自己的时间、兴趣和偏好进行个性化学习成为可能，鼓励学生自主学习和合作学习。"大数据"使人们的行为信息得以数据化存储、读取和应用，人们可以通过这些数据预测每个人的学习需求，从而使培训内容与人的学习需求无缝对接成为可能。例如，MOOC等在线课程的迅速发展使学生能够根据自己的喜好选择课程，并根据自己的时间学习课程，从而为个性化学习提供了可能。同时，学生通过网络课程学习，系统还记录了学习时间和所选科目。通过对大数据的分析，可以进一步分析学生的学习行为，更好地为学生的学习成长服务。

（三）创新高校继续教育教学模式

传统的教学模式是以教师为中心、以书本为中心、以课堂为中心的教学模

式。"互联网＋"继续教育的发展使传统的教学模式融入信息技术的元素中，线上线下的混合教学模式得以进一步发展。网络教育将着力丰富教学资源，进一步提高学习的便利性，从而提高教与学的效率。线上教育与线下教育相结合，将丰富教学内容和提高教学方法，促进教学模式的不断创新。混合教学模式使教学方法多样化，使枯燥的课堂教学更加生动具体，受到更多学生的推崇。

（四）实现高校继续教育的学分银行

《教育部关于推进高等教育学分认定和转换工作的意见》提出，探索建立国家学分银行，构建分级认证服务网络，识别、记录和存储学习者不同形式的学习成果和学分。传统的方法很难实现不同学校、不同教育形式之间的学分互认和学分积累，"互联网＋"为学分银行的实现创造了有利条件。通过建立高等教育学分存储、识别和转化公共服务平台，可有效监督在线平台的课程质量、教与学过程、学分认定和转换结果。信息技术对继续教育的影响将继续扩大，信息技术的发展将促进信用的积累和转换，促进学分银行的实现，有利于实现终身学习并为其发展做出更多贡献。

三、"互联网＋"下高校继续教育转型发展的挑战

（一）部分高校需要完善继续教育基础设施

"互联网＋"继续教育的发展对学校教育基础设施提出了更高要求。部分学校的基础设施不能满足教育发展的要求，传统的教育设施已不能满足教学任务的需要，这就要求学校有足够的预算购买基础设施。在申请购买新设备过程中，会遇到一些困难，这就需要学校和上级有关部门要加大支持和帮助力度，成功购置先进设备和器材，满足学习者的学习需求。

（二）知识学习的系统性会因碎片化学习而降低

随着 MOOC、微课等新课程形式的发展，我们可以通过微博、微信等客户端学习知识，移动学习、碎片化学习成为人们学习必不可少的一种学习方式。利用碎片化的时间学习知识不仅可以充分利用时间，而且可以扩大视野。然而，与系统性知识获取相比，碎片化学习也会影响知识的系统性，使学习者降低学习的集中度和深度。学习深度的下降不利于深入学习的进行。在进行碎片化学习时，要学会总结，注重碎片化知识的系统化，避免碎片化学习带来的负面影响，促进学习的进一步发展。

（三）"互联网＋"背景下教师需要提升自身素质

教师在传统教学中起着主导性作用，教授知识是教师的主要工作。从课前教学设计到课后作业，都是以教授的知识为基础的。然而，随着信息技术的发展，翻转教室等新的教学方法开始应用于教学中，这就要求教师不断提高技

能，转变角色。为课堂录制视频对一些教师来说也是一种挑战。教师应精通音视频录制软件，学习如何使用摄影、视频等设备，以及教师的信息技术应用水平，这无形中增加了教师的工作量。因此，平时要加强与教师的沟通，消除教师的不良情绪，才能更好地开展工作。此外，在"互联网＋"的教育环境下，教师的主要工作是引导学生共同探索，而不是过度传授知识，这对教师的教学技能提出了更高要求，要求教师在教学中不断学习，更好地控制教学过程，提高教学质量。

四、"互联网＋"下高校继续教育转型发展的策略

（一）更新办学理念要以成果导向教育引领

成果导向教育（OBE）指教学设计和教学实施的目标是学生在教育过程中最终实现的学习成果。教育理念强调组织课程开发，安排教学时间，围绕学习成果设计关键资源。

目前，OBE教育理念已应用于人才培养实践。在网络时代继续教育的发展中，必须加强实地调研，切实提高专业实践性，淘汰不符合社会实际的专业，增加实践性专业的招生数量；在课程设置上，根据学习结果安排课程。切实提高课程的实用性；在教学实践中，要注重实践环节的安排，提高学生的操作能力，使学生尽快适应工作环境。OBE教育理念对继续教育的专业设置和课程设置具有指导意义。继续教育培养社会急需的高素质复合型人才符合OBE教育理念，对继续教育的发展具有重要意义。

（二）构建现代化继续教育服务平台

建立现代继续教育服务平台是促进继续教育资源建设和共享，促进继续教育发展的重要途径之一。现代继续教育服务平台的建设可以解决教学资源冗余建设和低水平建设的问题，它可以制定统一的资源生产标准，促进数字资源共享的进程。同时，构建一个集学习、教学、管理于一体的现代继续教育服务平台，学生学习、教师教学和管理者管理都可以在这个平台上实现，可以进一步提高学习效率和工作效率，促进继续教育的发展。

（三）提高教育质量的基础上塑造继续教育品牌

"互联网＋"继续教育的发展使学生的学习摆脱了时间和空间的束缚，带来了时间和空间的自由，也将导致继续教育的扩张，这就要求继续教育的主体必须坚持高质量的继续教育，不能以牺牲质量来赢得规模。高校要围绕"互联网＋"时代的特点，以及继续教育人的发展规律和特点，探索建立和不断更新符合"互联网＋"时代特点的继续教育质量标准。

继续教育质量评价指标体系可以考虑指导思想和办学定位、师资队伍和办学条件、专业和课程、教学资源、学习支持服务体系、教学管理、教学效果等

七个影响继续教育质量的基本因素，可以将此七个因素当作一级指标，一级指标确定后，可根据一级指标内容细化二级指标，全方位、全过程确定继续教育指标体系。全程监控继续教育发展，进一步提高继续教育质量。提高人才培养质量，努力实现继续教育质量和规模的共同进步，为国家发展培养更多高素质复合型人才。在提高质量的同时，打造继续教育品牌，努力消除社会对继续教育的不良印象，赢得更多社会对继续教育的认可和尊重，推动继续教育跨越式发展。

第三章

新时期高校继续教育的校企合作模式

第一节　高校继续教育中校企
合作的必要性

一、经济发展及转型的客观要求

经济发展，人才是关键。随着知识经济时代的到来，技术和产品的不断创新，生产力的迅速提高，企业之间的竞争日趋激烈。在经济快速发展的时代，要实现现代农业、综合能源、交通运输等方面经济发展的高效稳定转型，需要更多综合型人才来满足市场经济的需要。在早期工业经济时代，企业的竞争主要依靠土地、设备、资金等自然资源；而在知识经济时代，企业的竞争已经转向人力资源与拥有知识和技术的人的竞争。

社会经济的快速发展不仅对教育提出了更高要求，特别是对人力资源的开发和管理提出了更高要求。资源管理作为一种可以进行计划、配置、培训和存储的战略资源，已成为许多企业获取竞争优势的重要工具。战略人力资源管理是根据公司自身战略的发展需要，制定完善的人力资源培训和开发体系，以确保各类人才不断输送到企业。重视教育，重视企业员工的继续教育培训，能够给企业带来了巨大的技术和经济效益。

二、高校继续教育自身发展的必然要求

在科学技术飞速发展的今天，传统的学历教育已不能适应继续教育的多元化发展，满足其多方面的综合需求。在传统的学历教育时期，相当多继续教育机构与院校的设置、管理和职能分工对继续教育的快速发展起到了很好的促进作用。然而，在知识经济飞速发展的时代，传统的学历教育已不能适应社会经济的发展，要求我们研究探索新的发展道路。通过高校继续教育和与企业的合作，高校与企业紧密结合，根据市场需求，公司可以迅速培养出专业化、高素

质员工，以适应市场经济的变化，更好地服务社会。

在知识经济时代，每天都会产生新的变化，从业人员也需要根据环境变化来做出自身的调整，以便更好地应对知识更新，终身学习社会已成为未来社会的必然趋势。学习型社会不仅是促进个人发展的社会，也是促进社会进步和发展的社会。换言之，学习型社会不仅提高了人们的生活质量，而且保持了社会的融合和经济的发展。终身学习以实现对传统教育的超越，引导每个公民把终身学习作为生存和生活的责任。终身学习不仅需要个人保持学习的习惯，它还要求每个人实现自己的抱负，发掘自己的可能性，适应社会不断发展进步。终身学习是对高等学校的更高要求，高校需要提供不同层次的非学历教育，拓展办学功能，服务学习型社会。随着学术补偿教育的逐步完成，国家教育政策的调整，社会对高校继续教育需求的不断变化，高校继续教育必须开设不同层次的课程，以满足每个层次学生的继续学习，满足学习市民化要求，满足学习型社会发展的要求。

另外，随着普通高校全日制招生规模的不断扩大，高等教育已经从"精英教育"阶段走向了"大众化教育"阶段，如果我国的高校继续教育不能与时俱进地改变教育模式，不仅无法正常发挥其应有的作用，而且可能因为错误的信息而适得其反。在我国普通高等教育发展的时代背景下，高校继续教育的定位需要与时俱进，从以在职教育为主到以在职教育后的继续教育为主，注重在职人员知识技能的更新、专业水平教育和综合素质培养。否则，将极大地限制我国继续教育的发展，影响人力资源的进一步开发利用。高等教育大众化的现实，要求我们深入研究和探索新的发展路径，从传统的学历教育向大力发展非学历教育转型，以满足市场需求，满足经济快速发展对人才的需求。通过与企业的持续合作，学校继续教育由封闭式办学向充分发挥各种资源优势参与办学，由以扩大规模为重点的粗放式发展向以提高人才素质为重点的内涵式发展转变。因此，高校校企合作继续教育既是高校继续教育的需要，也是社会经济发展的需要。

三、高校继续教育服务功能转型的根本要求

转型指的是事物本身的结构、运行方式和人们观念的根本转变过程。转型是一个积极寻求新变化的过程，是一个创新的过程。所谓高校继续教育的转型升级，是指高校继续教育的决策水平。根据外部环境的变化，继续教育的理念和定位、体制机制、人才培养模式、师资结构、学科结构、课程设置、科研创新体系等都发生了广泛而大规模的调整和创新，将原有的发展模式转变为适应时代要求的新模式，促进高校继续教育的高水平发展。

随着科学技术的进步、经济社会的发展，高校继续教育已逐渐成为经济发展不可或缺的一部分。高校继续教育与经济发展的紧密结合既是高校持续发展的需要，也是社会经济发展的需要，高校继续教育要走出校门、融入社会与企

业合作，着力增强服务意识。通过改革人才培养模式和培养方式，协调教育结构与经济结构的关系，加大对经济建设的直接参与，更好地为地方经济发展服务。高校继续教育服务地方经济发展已成为当今高校继续教育发展的主要趋势，是高校继续教育服务职能转变的必然要求。

四、政校企三方共同价值取向和利益的诉求

继续教育校企合作是政府、学校和企业共同的价值取向和利益诉求。这是双方互利共赢的结果。

就高校发展的历史而言，高等教育主要是一种教学功能，培养具有高级专业技能的人才。随着知识经济的到来和现代文明的发展，高校的职能不断扩大，科研逐渐成为高校的一项重要任务，一些著名高校参加了科研，成为研究型学校。伴随不断发展，社会服务成为高校的又一重要职能。当前教学、科研和社会服务已成为高校的三大基本职能。随着社会的不断进步和发展，人才培养不仅是学校的任务，也是全社会的共同责任。根据市场经济理论，多元化是市场经济的本质属性。

因此，社会主义市场经济环境下的继续教育办学体制也应丰富化、多样化。只要符合社会主义市场经济规律和高校继续教育发展规律，就要鼓励和支持各种办学机制，这完全符合政府优先发展教育、大力发展继续教育的战略方针，也符合政府对高校继续教育的职能定位和目标要求。

对高校而言，校企合作能够充分发挥高校在继续教育中的作用，实现社会效益和经济效益双丰收。高校通过与企业合作，根据企业的需求制订相应的培训方案。培训项目的个性化需求，使培训课程内容涵盖行业最新知识，利于培养实用性人才。此外，高校充分发挥科研优势，将科研成果放在企业进行技术开发或产品开发，使得科研成果能够在很短时间内转化为生产力，创造出更多经济效益，学校和企业实现共赢。

对企业而言，校企合作可以有效为急需人才的企业培养优秀员工，提高员工的整体素质，提高人力资本存量，为企业转型升级做好人力资源储备。当前，我国企业仍面临人才困境，企业要转型升级，往往需要调整产业结构，自主创新，不断提高企业竞争力和服务水平，优化发展环境。这些都需要员工综合素质的提高。

综上所述，高校改革创新继续教育校企合作的办学机制，建设完善以政府为主导、企业为主体的办学体制，对高校、企业等的每个参与者而言都会产生非常良好的影响。[①]

---

① 陈攀峰. 新时代高校继续教育创新研究[M]. 长春：吉林人民出版社，2019：93-97.

第二节　高校继续教育中校企合作的现状

一、需要明确主体权责，加强利益驱动

一般而言，利益是影响校企合作主动性的最关键因素。利益的合理分配是高校与企业合作的最大动力，然而，利益并不是影响校企合作的唯一因素，权力与利益之间存在着不可分割的联系。双方的利益是共同的，起着决定性作用。无论是培养人才，还是技术创新，都是基于企业的需要。因此，校企之间的利益比例是双方合作的前提。高校继续教育中校企合作的加强需要明确主体权责，加强利益驱动。

第一，完善校企合作利益分配机制。校企合作收益有时达不到投资预期，导致校企合作稳定性不足，企业参与合作的积极性和主动性较低，因此，需要完善校企合作利益分配机制。

第二，加强政府相关部门在促进校企合作中的作用。在校企合作中，企业的义务和取得的权利不一致，导致企业获取利益缺乏制度保障，使得企业参与校企合作的动力不足，因此，需要加强政府相关部门在促进校企合作中的作用。

二、需要目标定位一致，加强共育人才观念

在开展继续教育教学过程中，高校和企业虽然目标一致，但责权有所差异，为使合作成功，必须明确双方的责任和权利，既合理分工，又相互合作，双方应该通过订立合同的形式，来确保合作的顺利进行。校企合作和继续教育的两个关键因素是高校与企业，两者都是校企合作和继续教育组织实施的主体，它们都占有重要的地位，具有重要的作用。两者是一种合作关系，是一种相互服务关系，是一种共生关系。

校企合作开展继续教育属于非学历继续教育范畴。社会上有许多潜在的需求，高校对发展非学历教育也有很高的积极性，但由于缺乏切入点和落脚点，在很多情况下，高校只能被动等待企业主动出击，而高校主动出击寻找合作的动力较低。对于企业而言，很多企业对员工继续教育的重要性认识不足，对员工培训不重视。随着经济的快速发展，企业和社会对技术工人的要求越来越高。在职员工需要继续接受教育，提高理论知识和技术技能，以适应社会快速发展的需要。企业更关心自己的利益，尽管他们也关注员工，但他们只关注一小部分的优秀员工，而忽略了其余大部分员工。

三、需要实现资源共享，合理衔接培养环节

第一，完善继续教育的课程体系。目前，我国继续教育课程体系还需要完

善，没有专门为企业实际需要设计的教材。高校继续教育专业使用的教材会导致这样的情况：课程设置和企业实际需求不一致，课程内容缺乏前沿性和实效性。由于课程不能满足学生的需要，使学生的学习积极性受挫，无法达到预期的培训效果，因此，需要完善继续教育的课程体系。

第二，从事继续教育的教师需要经过培训。目前，大多高校从事继续教育的教师没有经过专门培训，没有经过培训的教师不了解继续教育的特殊性，也不了解企业员工的特点和实际水平。部分教师仍然按照普通的教学模式来教学生，成人学习的特点没有加以考虑，很多学生对培训不感兴趣。因此，需要对从事继续教育的教师进行培训。

第三，做好高校和企业的教育资源共享。高校师资力量雄厚、专业学科门类齐全，他们通常处于学术研究的前沿。其理论水平和理论教学能力具有先天优势，而企业在引进先进设备、实际操作技能、经营管理等方面有独到的优势。从这个角度而言，高校和企业在教育资源方面可以互相学习，但部分高校和企业并没有很好地形成教育资源共享优势。合作前，双方都没有对对方的情况进行全面分析，虽然双方有合作意愿，但并没有将对方纳入各自的发展规划。在制度上，校企合作的诚信没有体现出来，双方仍以自身利益和发展为首要出发点，高校和企业更多的是在考虑对方能给自己带来的，而不是双方分享教育。资源的共享对于合作效果可以起到 $1+1>2$ 的作用。因此，学校和企业要发挥各自优势，实现互利共赢。

四、需要健全监管机制，确保过程稳定有效

健全的监督机制是校企继续教育合作顺利实施的保障。校企合作是以双方合作为基础，共享教育资源，相互学习。然而，目前多数高校对合作关系的理解是片面地提供培训资源，忽视了对学生的管理，导致合作遇到了障碍。因此，在建立合作关系的前提下，先要为企业的人才培养计划制定完善的教育管理制度。

第一，高校和企业需明晰责权。高校和企业是两个不同的职能部门。高校与企业是一种合作关系。虽然合作的目的是相同的，但权利和责任是不同的，明确责任是重要保证。

第二，继续教育的管理和办学要避免职能交叉。目前，我国许多高校在继续教育的管理和运行中存在着严重的职能交叉问题。继续教育的管理和办学往往是由同一部门组织实施的，这种现象会导致资源配置不合理、效率低下、办学体制不健全、僵硬、不灵活等问题。

第三，继续教育的监管和考评要灵活多变。高校对继续教育的监督和评价缺乏灵活多样的方法。继续教育的监督机制和评价体系有待完善。[①]

① 陈攀峰．新时代高校继续教育创新研究[M]．长春：吉林人民出版社，2019：97-102.

第三节　高校继续教育中校企合作的实施

一、制定高校继续教育服务经济社会发展的目标

我国高校继续教育发展数十年来，无论是促进我国教育事业的发展，还是服务经济社会的发展，都为培养适应时代发展的高技术、高素质人才做出了巨大贡献。然而，高校要继续更好地服务市场经济，需要及时了解国家社会发展战略需求，国家社会发展战略实际上就是人才发展战略，普通高校教育质量和人才培养质量已成为影响我国综合国力和国际竞争力的重要因素。继续教育作为高等教育的重要补充不仅肩负着全面提高公民思想道德水平的任务，而且肩负着提高科学文化素质的重要任务。国家制定有关继续教育的政策法规是确保高等学校继续教育顺利实施的重要保证。

普通高等教育是高等学校的基础，教育质量是高校的生命线。继续教育是普通高校服务社会经济的重要载体，是连接普通高校与社会的桥梁和纽带。继续教育与通识教育必须形成良性互动，从不同角度全面发挥普通高校的功能。制定高等学校继续教育和经济社会发展的战略目标，不仅有利于提高继续教育的实用性和科学研究的应用性，而且有利于培养经济社会发展所需的人才，有利于经济建设和社会发展。

高校继续教育的培养要服务经济社会发展的战略需要，从经济社会发展战略中寻找继续教育的增长点。在发展过程中，高校要抓住发展机遇，及时了解经济社会发展的需求。加强与企业的联系与合作，从而更好地服务社会经济发展。在当今经济技术飞速发展的时代，教育应该是经济中的重中之重。高校继续教育与企业相结合是教育服务经济社会的重要渠道。校企合作是实现高校继续教育服务经济社会发展的重要途径，也是实现战略目标的主要途径。

二、创建以企业需求为导向的高校继续教育模式

建立面向企业需求的继续教育人才培养模式是提高我国企业人力资本存量、增强企业竞争力的有效途径。在高校继续教育校企合作发展过程中，必须建立基于企业需求的继续教育人才培养模式。只有以企业需求为导向，才能在市场经济中谋求发展，实现高校、地方经济的快速发展。

（一）树立市场意识，转变高校办学模式

培养市场意识，使继续教育工作市场化，以行业经营的方式管理继续教育工作，按照市场机制有效运行，确保继续教育健康发展。继续教育管理部门对教育市场进行调研，了解市场需求，研究服务目标，融入区域经济发展，瞄准

人才市场需求；专业锁定市场趋势，培训和跟踪岗位；突出技能培训，建立素质教育的新型继续教育理念。

高校继续教育规划可以随着市场经济的变化而调整，根据发展目标和市场对人力资源的需求制定发展规划和措施。建立继续教育人才培养新模式，逐步将继续教育的重点从学历教育向非学历教育转变的发展模式。高校继续教育应根据各企业的特点灵活设置继续教育的时间、地点和形式，找到与各单位的匹配点，使非学历教育形成多层次、多渠道、多形式的发展模式。在确定培养目标和筛选培养方案时，学校将根据学校的学科优势和人力资源确定最适合的项目，充分发挥学校的品牌特色，通过优质的培训服务吸引更多潜在继续教育人员前来接受培训。

（二）成立研发团队，创新高校培训项目

高校继续教育要立足地方经济发展需要，贴近行业和企业发展需要，就必须对继续教育市场进行调查研究。针对企业对人力资源的需求，由专业人员组成研发团队，研究、分析和团队讨论，科学合理地制订出真正适合市场运作和业务需求的培训方案。在高校继续教育中，只有开发和创新真正符合企业需要的培训项目，才能融入当地经济发展，为社会经济发展做出贡献。在人才培养方案的开发和创新过程中，要着眼企业的需求，注重高校自身的特点，让企业对高校继续教育的研发能力和专业课程满意，充分调动企业对高校继续教育的热情。高校继续教育要不断开创新项目，形成具有市场竞争力的继续教育项目群，构建科学完善的培训项目体系，更好地满足企业发展对人才的需求。

（三）按照培训需求，创新高校课程设置

在进行培训之前，高校与培训师、受训人员及公司进行沟通，了解公司培训的需求。培训课程应根据公司的需要，根据学员的接受程度合理设置。课程应紧密结合公司发展需要，注重培养实践能力强的应用型人才。要提高继续教育培训的经济效益，必须增强继续教育培训的针对性。高校继续教育培训要贴近社会市场需求，课程设置要有所创新。在补充受训人员的知识和技能时，要结合受训人员目前的知识水平、专业和学历，注意科学合理的课程设置，使受训人员能够充分掌握所需知识和技能。随着科学技术的进步和科技的更新，高校要逐步建设一支具有较强专业技能并与时俱进的教师队伍，对继续教育的发展将产生积极的影响。

通过建立面向企业需求的继续教育人才培养模式，通过实施人才战略，高校增强了自身的核心竞争力。高校继续教育通过对市场进行深入研究，使其培养目标、培养方案、合作方式和课程设置更贴近社会市场经济的发展需求，在服务社会经济发展中发挥了重要作用。

三、健全高校继续教育校企合作的保障体系

目前，为适应社会人才培养模式的发展需要，普通高校不断尝试与校企合作培养高技能综合型人才。校企合作办学已成为高校继续教育人才培养的有效途径。在市场经济体制下，如何把普通高校的继续教育与校企合作结合起来，建立长期、可持续发展的校企合作关系尤为重要。目前我国正处于经济发展的转型时期，要大力发展高校继续教育校企合作，优化产业结构，加快转变经济发展方式，要完善高校继续教育校企合作保障体系，使高校在服务社会经济发展中发挥重要作用，促进经济结构调整和产业结构升级，确保高校继续教育校企合作健康、稳定、可持续发展。

（一）建立高校继续教育校企合作的政策保障体系

通过制定政策，进一步明确和规范学校、企业在校企合作教育中的责任和义务，可以为校企合作持续健康发展提供法律保障。此外，政府相关部门的激励机制对校企合作的积极发展，特别是调动企业的参与度，具有重要作用。企业的积极参与增强了企业的核心竞争力，达到服务地方经济的效果。

（二）制定高校继续教育校企合作的组织保障体系

可以通过成立校企合作教育委员会和指导中心，对高校校企合作继续教育进行全面、系统的指导。各高校必须合理调整和完善继续教育各部门的组织结构，建立健全组织管理制度，重新确立各部门的职责、权限和任务，避免重复管理，使每一个分工都得到明确界定和协调。在继续开展校企合作过程中，校企合作委员会和指导中心应成立一个研究小组，了解市场对人力资源的需求，为校企合作继续教育做好准备。在校企合作期间，对学生和企业进行满意度调查。校企合作结束后，反馈学生工作综合成绩的提高情况。各高校还应定期召开交流会、学习报告会和工作报告会，合理规划和优化继续教育和校企合作的教学资源。

（三）构建高校继续教育校企合作的经费保障体系

可以通过制定优惠政策，设立校企合作专项基金，保证校企继续教育的资金来源。只有加大对继续教育经费的投入，才能保证继续教育多元化格局的快速形成，才能保证继续教育校企合作的健康有序发展。因此，政府相关部门应确保高校继续教育经费投入，通过建立继续教育专项基金制度，加大对继续教育示范基地建设和师资队伍建设专项资金的投入。在校企合作方面，校企合作的资金补助和奖励制度可以有效调动企业参与校企合作继续教育的积极性；另外，建立校企合作继续教育的教师津贴和奖励制度。对教学过程、学生表现和企业反馈进行评价，对教学效果优秀的教师给予奖励，进一步保证了校企合作过程中的教学质量。

（四）完善高校继续教育校企合作的制度保障体系

大力开展校企合作继续教育，不仅要投入大量财力，而且要建立校企之间的继续教育体系。通过建立和完善高校校企合作的制度保障，对于不积极参与校企合作的企业给予一定程度的约束，对积极开展校企合作的高校和企业给予表彰和奖励，营造良好的校企合作经营氛围，促进校企合作继续教育健康发展，提高地方经济竞争力，为我国经济建设做出一定贡献。

建立完善的教学质量监控和项目运行监控保障体系不仅可以提高继续教育校企合作的教学水平，而且可以促进继续教育的发展，也可以不断扩大高校继续教育校企合作的联系，为继续教育提供更好的环境和支撑。

四、构建高校继续教育效果评价的指标体系

社会经济的发展需要通过物质财富的不断积累和增加来实现，换言之，经济的持续增长带动了社会经济的发展。高校继续教育作为影响经济发展的诸多因素之一，通过劳动和科技的再生产成为经济增长的源泉，进而影响到整个社会经济的发展。目前，我国继续教育以高校为主体，实现为社会经济发展服务的目标。随着继续教育的不断发展，我国继续教育的质量和效益如何提高成为一个关键问题。提高继续教育质量，促进继续教育可持续发展，确保继续教育真正为社会经济发展服务，构建符合继续教育特点的高校继续教育效果评价指标体系是必要的。在建立高校继续教育效果评价指标体系时，可以从高校继续教育效果评价、受训者个人继续教育效果评价等方面设计评价指标体系，考查培训组的继续教育效果。

（一）高校继续教育教学层面的评价

高校继续教育评价主要包括教学资源评价和教学管理评价。继续教育教学资源评价可分为师资力量评价、物质资源评价和财力资源评价。对继续教育教学管理的评价包括课程设置、参与状况、内容检测、教学活动监控和相关管理制度的评价。继续教育课程评价主要是指专业设置是否符合当地经济发展的需要和培养目标，继续教育评价指标主要包括继续教育项目覆盖面、学生参与度和企业参与度。继续教育的内容评价主要包括对教学活动的构成和实施力度的评价，对教学活动的监测和评价包括教学活动的准备过程、教学过程中的教学方法，以及学生的热情。监控是保证教学质量的重要指标。对相关管理制度的评价就是评价一些教学工作、休假等管理制度是否完善，实施是否有效，确保继续教育有序发展。通过建立高校继续教育相关评价指标体系，保证高校继续教育质量。

（二）受训者继续教育的效果评价

校企合作继续教育的成功，归根结底，体现在员工是否提高了绩效，是否

给公司带来了更大的经济效益。因此，对学员个人的综合评价应该是整个评价体系的主要内容。但是，人与人之间是有区别的，对每个人的评价不能一视同仁，这就要求在员工接受继续教育之前，建立一套员工素质特征评价体系，对员工进行科学客观的评价。个体学员继续教育效果评价可分为教育活动应对指标、学习收获评价指标、工作行为评价指标、与工作成果相关的评价指标。教育活动应对指标主要是指学生接受教育后对教育内容、方法和设施的满意度，是对教学活动的总体评价；学习收获评价指标主要关注学生的学习效果，可以通过笔试或实际操作进行评价；工作行为评价指标是员工接受教育时的工作表现，主要是对技能水平能否真正应用到实际工作中的评价；与工作成果相关的评价指标是四个评价指标中比较重要的指标。继续教育的效果最终体现在员工的工作绩效能否满足公司的战略要求上。因此，对员工的实际工作质量和对员工的贡献率进行一系列评价至关重要。

（三）受训团体继续教育的效果评价

培训群体主要是指接受继续教育的企业。企业作为一个独立的个体经济单位，在市场运作中必须强调效率和效益。继续教育的效益是指在继续教育经费、人力、设备投入有限的情况下，取得的实际最佳效果。继续教育的效益不仅是继续教育的生命力，也是高校继续教育校企合作顺利开展的重要保证。因此，从效率的角度，可以将培训班继续教育效果评价分为继续教育经济效益评价指标和社会效益评价指标。其中，经济效益评价是指企业的产值、利润的增加，产品质量的提高，成本的降低等促进经济发展的表现形式；社会效益评价是指人力资源开发、产业结构优化、精神文明建设等社会发展的一种有益表现形式。通过建立继续教育效果评价指标体系，从效率的角度对继续教育效果进行评价，真正保证企业的实际效益，调动企业继续教育的积极性，使继续教育深入各个行业和企业，与社会接轨，加快继续教育的发展，从而更好地服务社会经济的发展。

第四节　高校继续教育中校企合作的共享模式

开放态度是高校和企业实现教育资源共享的前提。要实现资源共享，高校和企业必须先熟悉彼此的资源，并结合自身优势了解彼此的资源，才能有效地为两种资源服务。对于高校来说，其理论知识的先天优势是任何企业都无法企及的；对于企业来说，企业对市场的把握和对技术的需求是其独特的优势条件。由于高校和企业各有优势与不足，合作互补成为双方资源共享的有效途径。

一、搭建实现教育信息资源共享的平台

高校与企业之间的信息获取主要依赖双方的沟通。如果校企之间的沟通不顺畅，便会给合作造成很多障碍。因此，从合作的开始、过程、到结束都必须保证信息的畅通。在合作之前，双方应对彼此的需要进行广泛交流，为合作奠定基础。在合作之初，双方应从培训目标、培训方案和计划、课程内容、师资配备、资源共享、日常管理、办学条件、经费和使用，甚至教育理念等方面，就双方的实际情况进行详细讨论、研究。为了有针对性地开展工作，双方需要充分沟通整合。在合作过程中，需要通过教师、学生和导师了解和反馈信息，及时做出调整，以顺应继续教育的发展。合作结束后，双方要对合作进行全面评估和交流，为进一步合作做好准备。通过沟通，可以实现对校企合作和继续教育全过程的动态监控。同时，促进校企合作和继续教育的研究、诊断和及时反馈，使培训工作的实施更加客观、全面、准确。在沟通过程中，引导企业制定合理可行的继续教育目标和任务，提高企业继续教育培训在企业发展中的针对性。有效的互动沟通还可以帮助企业了解自身的人才发展需求，熟悉和了解高校，并提供指导或建议。因此，通过及时掌握合作过程三个阶段的培训进度，保证合作信息的畅通，提高校企合作和继续教育的效果，提升高校继续教育质量，促进企业人力资源质量的全面发展。此外，沟通平台和沟通方式要多样化、便捷化，例如，网上平台、座谈会、跟踪调查等。

二、加强"双师型"师资队伍建设

在校企合作中，如果没有一批具有深厚专业技能、优秀理论教学与实践操作的"双师型"教师，培训质量便难以提高，校企合作也将很难开展。因此，高校应着力加强"双师型"教师队伍建设。由于高校以培养优秀理论人才著称，高校教师大多具有较高的理论素养，但实践经验并不充分。企业不同于高校，在长期的生产实践中，公司培养了许多具有丰富操作技能的专家，刚好可以弥补高校教师在实践教学中的不足。考虑到继续教育对象的特殊性，高校和企业可以整合教师资源，优化教师队伍。因此，结合教师的优势，可以建立理论教师和企业技术专家相结合的"双师型"教师队伍。

（一）校企合作"双师型"师资队伍建设的模式

1. 合作共建培养模式

所谓合作共建培养模式，是指以学校同企业合作共建的项目为载体，培养专业教师实践能力的过程。根据合作共建项目的不同，这种培养模式又可以细分成"课程合作"模式、"科研合作"模式和"专业共建"模式。

（1）"课程合作"模式。"课程合作"模式是一种基于企业人才需求的校企

深度合作模式，合作企业将自己全部或部分培训课程导入合作学校专业课程体系中，从而提高学生的动手能力，为企业培养一流的技能型人才。这种模式更多应用于汽车企业同高校的合作，这种合作模式一般分三个层次：一是在合作学校相关专业毕业班的课程体系中导入企业培训课程，帮助合作学校提高相关专业教学水平，缩短学校教学与企业需求之间的距离，培养学生一技之长，提高学生就业能力；二是在合作学校组建"订单班"，设计特定的课程，定向培养企业所需要的技能型人才；三是合作共建培训中心，开发培训课程，为企业培养、储备各类人才，同时承担企业员工技术培训工作。

"课程合作"模式具有明显的品牌特征，先进、实用、同企业生产需要密切结合，因此对学校任课教师提出了新的能力要求，即教师必须达到"双师"标准。为达到以上目的，企业制订了"双师型"师资培养的计划与流程，帮助和推进合作学校培养"双师型"职教师资。

（2）"科研合作"模式。"科研合作"模式是指在产学合作教育模式下，高校借助同企业合作开展科学研究、工程技术开发等项目，培养"双师型"职教师资的过程。科研合作一方面可以帮助企业设计产品、革新技术、改造工艺，解决企业的技术难题，最终促进企业发展；另一方面也为参与科研的教师提供了成长平台，推进其成长为高级"双师型"职教师资。科研合作的形式包括横向课题研究、纵向课题研究两个方面。横向课题研究，是指受企业的委托，围绕企业需要解决的技术问题开展研究，一般都会邀请一部分企业技术人员参与，这样有利于理论与实践相结合，有利于教师同企业技术人员交流。纵向课题，是指国家、省、市级立项的科研课题，这种课题由职业院校教师申请，选题要注重与企业实际需要相结合，实现教师的科学研究与企业的技术创新、产品研发、工艺改造相融合，最终提高课题成果的转化率。同样，这类课题也要纳入一部分企业人员参与，从而促进职业院校教师同企业人员交流与合作。

科研合作模式是一种双赢模式。一方面，不管是横向课题还是纵向课题，问题都源自企业实际，目的是解决企业技术问题，满足企业的需要，给企业带来巨大的利益；另一方面，科研课题直接来源于企业生产需要，教师在企业真实的工程技术环境中进行研究，了解企业实际需求，解决企业实际技术问题，提升自身的科研实践能力，促进"双师"素质养成。

（3）"专业共建"模式。"专业共建"模式是指在学校和企业共建专业的过程中，专业教师自我学习，不断提高的一种开放式的培养模式。校企合作共建专业项目包括诸多的子项目，每个子项目都为教师提供了实践、学习、锻炼的空间和平台。例如，校企合作共建的专业性产教基地，是实践教学与生产相结合的场所，教学过程就是生产过程，学生练习就是产品加工。其建设团队主要由企业技术人员和学校专任教师组成，他们优势互补，相互学习。专任教师在真实的生产环境下指导学生实践，并解决生产技术问题，提高了其"职业性"。另外，专业共建模式下，企业一般都会深度参与课程开发、教材编写、教学质量评价等工作，为教师提供了接触企业和学习锻炼机会。

"专业共建"模式是一种比较松散的"双师型"师资培养模式，其实质是在校企共建专业的过程中，教师利用企业的资源提升自己实践能力和教学能力的过程，这种模式的培养效果主要取决于校企合作的深入程度，以及教师自身的认识和主动性。教师"双师"素质的提高，往往是在潜移默化中完成的。

2. 企业实践培养模式

企业实践培养模式主要是在校企合作的背景下，在企业进行的"双师型"师资培养模式，它又可以细分为三种模式，即"访问工程师"模式、"顶岗实践"模式、"考察调研"模式。

（1）"访问工程师"模式。"访问工程师"培养模式是指职业院校根据自身的实际需要，借鉴高校的"访问学者"制度，选派教师到企业进行实践锻炼，以提高教师实践能力的一种校企合作培养方式。

"访问工程师"模式项目实施的形式为：教师深入大中型企业或科研院所实践锻炼，跟踪了解企业一线最新技术，参与技术攻关和合作研发；培训的对象为专业课、实践课教师和从事产品研发与技术改造的科研人员；时间安排一般为3～6个月；承担项目企业的条件是能为访问工程师提供较好的学习和工作条件；管理模式实行导师负责制；导师条件为高级工程师或技术造诣较深的人员，具有指导访问工程师的能力和水平，承担着能让访问工程师参与的科研项目。

"访问工程师"模式是一种更高层次的"双师型"师资培养模式，是高校专业师资生涯发展走向更高阶段的有效途径。但是，这种模式在实施过程中还存在一些不足，例如，访问单位的落实、指导老师的遴选、访问经费的安排、过程的管理、成果的考核等，都比较难以落实，这在一定程度上影响了"访问工程师"培养模式的培养质量，还需要企业、学校、教师等多方面的协调解决。

（2）"顶岗实践"模式。"顶岗实践"培养模式是指把教师送到对口企业，作为企业临时员工在真实岗位上工作的一种培养模式。高层次的"顶岗实践"也称"挂职锻炼"，主要指教师在企业挂职"技术员""技术总管""部门副经理"等高层次职务。顶岗实践的目的是促进教师跟踪生产服务一线技术的发展，切实提高实践教学能力。"顶岗实践"不是到企业见习或参观考察，而是指在具体的岗位上真实工作，这样才能真正提升教师的实践能力。"顶岗实践"具有岗位的真实性、环境的复杂性、体验的综合性，是广大专业教师培养个人实践素养，构建自身专业知识的重要途径。

"顶岗实践"能让教师接触到真实的岗位，了解企业的真实需求，但是，这种模式需要教师脱产到企业顶岗实践，给高校教学安排带来一定的困难。另外，顶岗实践的监督管理机制还不健全，科学有效的考核办法和工作量计算方法缺失等问题并存，致使"顶岗实践"质量难以保证。

（3）"考察调研"模式。"考察调研"培养模式是指学校组织教师深入到生产一线了解企业人才需求，掌握企业工艺过程、生产现状和岗位特征，获取生产运行操作、设备维护检修、故障诊断排除、工程预算编制等第一手资料的方法，这种模式是职业院校教师接触行业企业一线，了解行业企业需求的最常用的一种方法。其目的是多方面的，有的是为了专业建设，有的是为了课程开发，有的是为了教学改革，有的是为了教材编写。为了更加深入地了解情况，在考察调研的过程中，还会穿插应用问卷调查、深度访谈等方法来提高考察的效果。考察调研前要有详尽的考察方案，结束后要有详实的考察报告。

"考察调研"是最常用的一种培养教师专业实践能力的模式，时间比较短，安排也比较灵活，所有的教师都可以根据自身的专业特点和需求设计并实施。考察调研一定要有目的、有步骤、有方法、有总结、有考核，否则就会流于形式，失去成效。

3. "师徒结对"培养模式

"师徒结对"培养模式也称为"导师制"，是一种一对一的培养方式。"师徒结对"培养模式下，"师"（企业人员）要经过严格的挑选，一定要具备指导"徒"（高校教师）实践的能力，其知识、能力、经验要与"徒"的需求相匹配。"师徒结对"培养模式在时间上不固定，由"师"和"徒"自行商议，但对学时和内容有基本的要求。"师徒结对"采用"一对一"的指导方式，灵活方便，避免了时间冲突等问题。因此，所有的教师都可以根据自身发展的需要联系到一位或多位企业人才作为自己的"师傅"，重点指导自己专业实践能力的提高。学习方式可以是连续的，也可以是间断的。学习方法可以是交流研讨式，也可以是现场指导式。

"师徒结对"培养模式优势非常明显，灵活方便，不受时间和地点的限制，避免了其他校企合作培养"双师型"职教师资模式的弊端。但是，若要将"师徒结对"培养模式广泛推行，还需要建立信息平台，及时公布职业院校教师培训意愿和企业具备"导师"能力的人员信息，提高"师徒结对"效率。要建立企业、学校共同参与的考核机制，引导和促进"师徒结对"培养模式不断发展。①

---

① 谢勇旗. 校企合作培养"双师型"职教师资机制研究[D]. 天津：天津大学，2014：52-57.

（二）校企合作"双师型"师资队伍建设的途径

第一，聘请具有较多教学经验和行业实践经验的教师到高校兼职，以保障高校"双师型"教师队伍稳定，但由于兼职教师的不稳定性和流动性等原因，无论是学校，还是企业，都必须始终对他们进行规范和监督，并在此基础上提高他们的个人素质，保证教学的有效性。

第二，加强对高校教师专业素质和个人素质的培养。通过搭建培训平台，为他们提供学习机会，不断提高专业水平和业务能力，并通过奖惩机制，激发高校教师的积极性，挖掘高校教师的教学潜力，努力提高高校教师理论水平和实践能力。

此外，还可以通过高薪引进国内外先进人才，充实高校师资力量，提高学校整体教学水平。但这样做的前提是要加大资金投入，确保人才引进。这样的稳定性保证了教学工作的顺利进行。同时，要充分利用引进人才的优势，为教师提供学习和交流的机会。通过支持和鼓励教师从事科研，创造成长和良好的发展环境，激发教师的学习积极性和教学积极性，从而在更大程度上提高高校教师的整体水平。

三、关联校企教育教学的基地

高校以培养理论型人才为特长，高校的培训基地主要针对的是理论教学，在学科专业、师资、教育管理模式等方面保持着明显优势，而企业的实践基地则在实践设备和生产环境方面占有很大优势。因此，学校和企业都应充分利用双方的优势资源建设教学基地。通过企业投资或校企联合投资，在企业生产基地建立教学实习基地。企业尽可能为学校提供优质的技术和设备，为师生开展实践教学提供支持。高校为企业提供优秀教师，并以高水平的教学回报公司的支持。高校图书馆是学生丰富理论知识的重要场所。高校图书馆向学生开放，可以成为学生学习的第二课堂。

另外，以培养理论知识和实践能力并重的合格人才为共同目标，高校和企业可以充分利用教育资源，共建教学基地，共享教学设施，充分利用先进的技术和设备来有效防止学生继续教育培训脱离实际生产，使双方资源得到充分有效利用。此外，高校还可以主动联系国内外其他有实力的高校或企业，寻找第三方教学资源，通过参观或远程教育丰富教育资源。为实现学生操作技能与企业实践的有效结合，高校必须保证校企之间的公开沟通，这种交流不仅体现在实践中，更体现在高校如何运用理论知识，有效指导实践技能的发展上。只有通过沟通改进和持续改进，才能更深入地了解双方需求，通过校企合作实现继续教育的顺利推进。

第四章

新时期高校继续教育的信息化建设

第一节 高校继续教育信息化建设的模式

《教育信息化十年发展规划（2011—2020年）》提出："构建继续教育公共服务平台，完善终身教育体系。"开展高校继续教育信息化，对于很多高校而言，无论在财力、物力、人力上都有困难，但构建起继续教育公共服务平台，不仅可以减少各高校继续教育信息化建设经费的重复投入，而且有利于各种资源的共建共享，进而把区域继续教育规模办大、质量办好。

高校一定要重视信息化在继续教育改革中的助推作用，同时也要注重面授、答疑教学，它是教育传承的优势所在，不能摒弃。继续教育信息化建设是各个高校亟须开展的一项工作。由于每所高校面临的问题及自身情况都不同，故继续教育学习平台建设模式也不尽相同，一般而言，主要有外购、租用、IT（互联网技术）外包、合作运营、自主建设等几种建设模式。

一、外购建设模式

外购建设模式是大多数高校常用的一种继续教育信息化建设模式。在软件产品体系提供方面，往往根据学院业务发展情况自主选择网络技术公司的相关教育软件产品，通用软件平台产品功能与高校实际使用的差距较大，一般需要经过部分定制开发才能满足实际应用要求；在硬件产品建设方面，服务网、存储、网络带宽等都需要高校自主采购与维护；软件产品维护费用方面，平台项目验收后可有一年到三年不等的免费维护期，之后需要续费服务或者学院自行建立运维人员进行更新、维护和部分开发工作；新增定制开发要求，需申请开发经费，同时协调网络公司进行付费开发。

外购建设模式优势在于采购平台的价格由用户选择的产品以及平台类项目定制开发的工作量来确定，学校自主决策，在国家继续教育改革加速的情况下，便于学校及时调整自己的信息化建设方向及进度，不受网络公司的影响；

不足在于信息化建设前期的硬件、软件一次性投入较大，要求高校对继续教育信息化具有比较全面和深入的了解，如果建设规划不合理将面临较大的风险，同时在平台项目后续运维过程中，需要高校具有较强的技术能力，一旦取消了与网络技术公司的合作，也有能力把继续教育学习平台维护运行下去。

二、租用建设模式

随着云服务日益普及，租用模式已经成为很多高校继续教育信息化采用的一种建设模式。该模式是高校根据自身的实际需求向网络技术公司定购所需的网络教学平台服务，并按定购的服务项目多少和时间长短向公司支付费用。在软件产品体系提供方面，网络技术公司根据学校的实际需要，随时进行远程教育产品的部署，及时应用到高校办学业务中；针对平台项目类可以有专门项目组，进行定制开发；在硬件产品建设方面，高校可以自主采购与维护，也可以直接租用网络技术公司的服务器和带宽；软件产品维护方面，在租用期内有相应的技术人员进行维护，租用年限一般至少是三年，租用的费用由用户选择的软件平台产品以及产品定制开发的相应工作量来确定。

租用模式的优势在于学校在继续教育信息化平台软件、硬件方面的建设一次性投入较小，甚至可以成为"无盘工作站"，便于该项目的启动与实施。其不足之处在于，一方面，由于高校继续教育领域教学、教务数据非常重要，放在租用的网络学习平台上，数据安全值得重点考虑，一旦更换租用的网络技术公司，数据的迁移也将变得复杂；另一方面，由于是租用模式，网络技术公司更希望高校按照软件平台现有的工作流去开展教学、教务工作，少做定制化开发，这样便于公司对软件平台进行维护与升级。而对于高校而言，每所学校、每位老师的想法都不尽相同，按照师生要求进行定制化功能开发是高校能够有效推进继续教育信息化的必要条件，所以租用模式对高校的软件平台应用能力和师生信息素养提出了较高的要求。[①]

三、IT 外包建设模式

IT 外包建设模式就是把高校继续教育信息化建设工作承包给专业化网络服务公司来做，包括：信息化规划（咨询）、设备和软件选型、网络系统和应用软件系统建设、整个系统网络的日常维护管理和升级等。充分利用专业网络公司的服务和技术，使高校获得高质量的 IT 服务，以更经济、更专业、更迅速的方式完成必要的保障服务。这种模式越来越受到高校的青睐。在软件产品体系提供方面，学校享有技术服务商所有产品的使用权，根据学校继续教育办

---

① 张艳超. 转型期普通高校继续教育信息化建设研究[M].武汉：武汉大学出版社，2015：71-74.

学需求，网络公司及时对变更的需求进行定制开发；在硬件产品建设方面，高校可以自主采购与维护，也可以直接租用网络公司的服务器和带宽；在软件产品维护方面，网络技术公司有专业技术团队常驻高校，对平台进行维护及升级，对产品需求的变化有固定的项目团队进行及时开发，一般要求签订服务年限至少三年，外包模式费用由公司派驻高校人数和定制开发工作量来确定。IT外包建设模式优势在于可以使高校把自己的全部力量放在教学上，这对于技术薄弱的学校而言是非常可行的；不足的方面就是学校办学效益的很大一部分转为公司利润，学校自身的信息化技术队伍得不到培养和提高，高校对网络技术公司的技术依赖程度随着时间的推移会越来越大。

四、合作运营模式

合作运营模式是高校继续教育信息化建设领域出现的一种新型模式，该模式倡导合作运营，共担风险、共获收益，有利于高校增强现有办学业务和拓展新的办学业务。该模式先在网络学历教育中得到应用，目前多应用于高校非学历继续教育领域。该领域的信息化建设风险偏大，校企合作建设前景广阔。网络技术公司保障高校享有其所有产品的使用权，对学校的信息化需求及时响应，根据办学需求定制开发相应产品。在硬件产品建设方面，由网络技术公司提供；软件产品维护方面，所有的技术服务均由网络技术公司承担，公司相当于高校的"技术部门"，主要负责平台运维及定制服务开发、资源建设，校企双方合作年限至少五年以上，高校支出的具体费用需根据实际办学业绩情况而定。合作运营模式优势在于专业的人做专业的事情，校方只负责教学和招生，公司负责网络学习平台建设，有利于信息技术与继续教育的深度融合。不足之处在于，一是双方合作的年限较长，不利于学校根据教育市场变化及时调整自己的办学策略和办学方向，寻找更合适的合作伙伴；二是合作运营相当于学校和网络技术公司合作成立了一个子公司，如何有效解决公司财务和高校财务的对接问题，实现规范化运营也是一个难点。

五、自主建设模式

自主建设模式是指高校主要依托自身的技术力量开展继续教育信息化建设。部分高校对如何开展继续教育信息化建设具有清晰的认识与规划，自身的技术实力较强，具有继续教育研究所、现代教育技术研究所等科研机构，还有一批精通软件开发的教师队伍。根据继续教育办学实际需求，高校可以依靠自身人员进行网络教学平台等软件的研发，自主开发教务管理、教学管理、学生网络学习等功能平台。

自主建设模式的优点在于，一是根据一线操作老师的实际需求反馈进行的功能定制性开发，平台的易用性、可用性较强，易于被师生、教学教务管理人员接受，从而有效推进继续教育信息化建设；二是校方人员负责该平台的研发，平台的后续升级与维护有了可靠的保障，各种商务事宜都属于学校内部事务，便于沟通、交流。不足之处在于，一是自主研发周期较长，开发出来的平台产品还需要较长的时间测试应用；二是平台自主开发的风险较大，投入也较大，所需经费同购买一个网络技术公司的通用网络教学平台费用相差无几。

通常公司的网络教学平台产品都是经过长时间的测试应用，其成熟度、稳定性、安全性都有一定的保障。而高校自主研发的网络教学平台产品开发周期至少1～2年，使用测试期、磨合期可能时间更长，这对于很多急于开展继续教育信息化建设的高校而言，问题和难度都较大。

第二节 高校继续教育信息化建设的新热点

一、移动微型学习模式的建设

（一）移动微型学习的认知

移动上网悄然间成为沟通交流、休闲娱乐的重要方式，人们逐渐形成一种通过手机等移动设备随时随地搜索、获取、存储、生产和传播碎片化知识的学习习惯，其学习体验往往是带有娱乐性质的，会使人保持一种轻松、愉快的心态。这种学习者利用无线通信网络技术以及无线移动通信设备，随时随地获取与学习相关的信息、资源和服务的活动就是移动学习。

近年来，移动微型学习（Micro-Mobile Learning）已成为学习与培训领域备受关注的一种非正式学习形式，改变和颠覆了传统的学习概念，成为终身学习谱系重要新增内容。移动微型学习也被称作微型学习或者微型移动学习，多借助无线通信网络技术以及移动通信设备开展碎片化的学习。微型学习是一种存在于新媒介生态系统中，基于微型内容和微型媒体的新型学习形式。微型学习过程指学员与微型内容的交互，这样的交互发生在一些新兴的微型内容结构中。在移动学习过程中，学习资源、学习时间、学习媒介等要素的"微"特征明显，手机移动学习可以看作是新媒介时代微型学习的主要表现形式。目前，在高校继续教育领域，微信公众平台、微博或移动QQ等微平台已经在教务教学管理和学生组织管理等方面得到了使用，受到了师生普遍欢迎，这为移动微型学习应用于继续教育课堂教学奠定了基础。

目前，高校继续教育的生源构成发生了显著变化，80后、90后的在职人员成为学习主体。新生代员工继续教育主要包括学历教育与非学历培训两部分。其中，学历教育主要通过参加成人高校学历教育来完成，岗位技能培训主要由企业的内部培训来完成，或者参加由成人高校组织的各种短期培训。成人高等教育依然是新生代员工继续教育的主要途径。新生代员工，思想趋于成熟，学习目的性强，往往把继续教育看作一种文化消费与生产合一的活动。

移动微型学习作为一种实用非正式学习模式，迎合了新生代员工的学习习惯，逐渐成为传统正式学习的重要补充：一方面，移动微型学习通过短小的学习内容、便捷的学习形式，使得员工可以利用各种闲暇时间进行碎片化学习，积少成多，提高时间利用率，一定程度上解决了工学矛盾；另一方面，新生代员工以一种轻松的、带有一定趣味性的心态接受学习内容，是一种"休息式"的学习，一定程度缓解了繁忙工作后的学习压力。因此，关于新生代员工移动微型学习模式的研究有待进一步加强。

（二）移动微型学习模式设计原则

1. 可操作性原则

高校必须充分认识移动微型学习的非正式学习属性，它是正式学习的一个补充，而且重要性越来越明显，但移动微型学习不能替代传统的正式学习，不适合人们进行系统全面的学习。移动微型学习模式设计应该投入少、易实现、见效快，而不宜像传统信息化项目建设那样，投入大量的人力、经费去开发一个移动微型学习平台，像制作网络课程那样一门门地开发微型课程。

2. 易交互性原则

移动微型学习模式的特点就是反应迅速，传统网络远程教育学习平台的互动答疑功能偏弱，采用"一对多"模式，师生交互性较差。移动微型学习模式设计，宜采用"多对多"模式，即每个人都是老师，也都是学生。在某种程度上，师资和资源对于该模式而言不是第一位的，重要的是能够提供持续、快速、便捷的响应服务，甚至获得的答案或资源不是最优质的也没有关系。目前微博、微信、腾讯 QQ 群等微平台深入人心，应用很广，很好地体现出用户获取信息方便、快捷这一特点。

3. 共获益性原则

高校开展新生代学员移动微型学习，必须能够获得相应的回报。高校可以通过该学习模式解决新生代学员在职继续学习过程中的在线答疑、沟通交流及趣味学习等问题，实现对传统学习的有效补充。企业可以通过该学习模式促进其人力资源培训信息化、便捷化，促进其人力资源信息素养的整体提升，有效节省人力资源管理成本、培训成本。对于新生代学员，可以通过这种实用的非正式学习模式，充分利用碎片时间，加快提升自己的知识与能力。

（三）移动微型学习模式的构建

1. 新生代学员特征与学习需求分析

（1）新生代学员性格特征。新生代学员年龄主要集中在 18～30 岁，主要有三种类型：第一类是活跃的城市新生代，以追求快乐、追求自我价值为价值观；第二类是农村知识层新生代，以知识改变命运为价值观；第三类是进城务工新生代，以融入城市、成为新市民为价值观。新生代学员以自我为中心、享受快乐、友善、平等、敏感、情绪稳定性差是其内在人格特质共性，外在特征表现为受教育程度高、职业期望值高、物质和精神享受要求高及工作耐受力低。此外，要特别重视新生代学员的在职继续教育，丰富员工的精神文化生活。

（2）新生代学员文化特征。新生代学员的性格特征与老员工显著不同，学习方式和学习需求方面也区别很大。究其原因，新生代学员的文化特征受后现代文化影响明显。新生代学员，在学习内容上更偏向于接受一些轻松、形象和短小的知识点，这些知识用传统的正式学习方式很难传授，课堂教育是集中授课，不可避免地将知识内容扩充、深化，而移动微型学习方式则恰好适应了这种快餐式内容的教育，体现了后现代文化的"微"特征。

（3）新生代学员学习需求。新生代员工在手机上网方面黏性（上网频率及时长）很高，更热衷于"消费文化""快餐文化"和"娱乐文化"，目前的移动微型学习基本以休闲娱乐为主，带有趣味性的课程资源，如轻松百科、生活保健、文化涵养等更受欢迎。职业技能、学历教育、家庭理财等方面需求关注度偏低的原因是多方面的，一方面，教学部门往往把移动微型学习看作是网络远程教育有线到无线的延伸，无形中弱化了移动微型学习的优势：即时性、碎片化、趣味性，强化了移动微型学习的不足：屏幕小、操作不便、课程资源缺乏及难于制作、网速慢、资费贵等。另一方面，移动微型学习（非正式学习）与新生代学员继续教育（传统正式学习）互补机制还未形成，学校和企业还缺乏协同推进移动微型学习的意识。目前的移动微型学习基本以自发性学习为主，更多为休闲娱乐的性质，高校的微型学习资源平台需要完善。

2. 校企共建共享微型学习资源建设

适合新生代学员的微型学习资源建设是我国继续教育数字化学习资源建设的重要内容，工作量巨大。校企合作共建共享可以看作是解决微型学习资源建设这一问题的有效途径。因为，一方面，微型资源的建设要求不像传统网络课程那样高，以有趣、实用、短小精悍为主要标准，企业人力资源部门有能力建设，而且开发的资源往往更符合新生代学员的实际需要，更受欢迎；另一方面，我国数字化资源共建共享机制已经日趋成熟，校企合作共建共享微型学习资源有章可循。

对于轻松百科、语言培训等方面的资源建设，可以借助互联网现有的丰富资源，构建面向新生代学员的微信公众平台来实现。为微信公众平台提供接口服务的第三方平台，在百科、笑话、翻译、语言培训等方面，整合了大量现有网络资源，只要调用其相应功能模块，就可以在微信公众平台中直接使用这些资源。

对于安全教育、文化鉴赏等方面的资源建设，可以通过校企合作共建共享来完成。很多企业在安全教育、企业管理、企业文化、畅销刊物、名言名句等方面建设了大量的微型学习资源，有些企业已经开始利用手机定期向员工发送这些学习资源。高校在课程资源建设方面积累了较为丰富的经验，为此合作开发新生代学员所需的微型学习资源具有一定的可操作性。

对于技能培训、学历教育等方面的资源建设，移动微型学习还处于探索阶段，微型资源往往应用于非正式的实用学习，遵循简单、易行的原则很有必要，应该有别于传统的网络课程建设模式。可以根据一些课程的特点及员工的实际需求，配合教师的面授教学或者现有继续教育网络课程，校企合作适当地建设一些微型课程资源或者整合校企现有的视频、音频、文本资源，这些资源仅作为传统正式教学课程的一种有益补充，与课程内容不需要一一对应。随着移动微型学习的应用深入，资源建设逐渐精品化。

3. 移动微型学习平台的建设

在充分考虑移动微型学习平台的建设原则后，移动微型学习研究重心应该从"技术"回归到"学习"上，通过应用研究、实践研究，落实移动学习效果已成为继续教育领域移动微型学习的合适选择。应该积极利用现有微博、微信、腾讯 QQ 等平台进行微型学习实践探索，整合现有的微型学习平台与工具。基于腾讯 QQ 空间、腾讯微博、朋友圈（真实社交网络平台）等平台，构建新生代员工移动微型学习统一管理平台是一个可行易行的解决方案。同时，借助网络互联，还可以实现移动微型学习平台和网络教学平台统一身份认证、资源互通，进而实现非正式学习与正式学习的相互融合，形成新生代员工继续教育数字化学习综合支撑环境。

4. 移动微型学习的教学设计

（1）通过腾讯 QQ 开展微型教学。学员只需要加入跟自己学习相关的 QQ 群组，就可以随时随地在群里发布各种资料参与各种讨论，对于群管理者学校和企业人力资源部而言，共同组成教学管理部门，负责相关教务教学信息、学习资料的发布与管理。

（2）利用微博、微信、朋友圈打造信息交互平台。利用微博、微信等新媒体进行教学信息的广播、收听、转播等，便于学生即时分享信息，实现教师主导下的学生自主探究学习，教师通过在课程微博或微信公众平台上发布作业信息，学员进行转发回复、讨论等，以此辅助成人高等教育传统教学模式。由于微博、微信平台发布的内容短小精悍、操作简单多样、传播快速、富有趣味性，有利于企业新生代员工更多、更快地获取知识与信息，有利于与其他学习者进行互动交流，形成稳定的学习共同体，增强个人的信息素养。

5. 移动微型学习的教学评价

移动微型学习的教学评价，可以采用腾讯 QQ 空间，打造新生代员工的个人电子学档。腾讯 QQ 空间支持主页、说说、日志、音乐盒、相册、个人档案、个人中心、分享、好友秀、投票等功能。在移动微型学习过程中，腾讯 QQ 空间可以很好地实现作品上传展示、自我评价、学生互评、教师评价等功能，可以作为学员的电子档案袋，用来记录学员继续教育学习过程中的学员个人履历、作业作品、评价信息、学习过程记录及个人反思等。

(四) 移动微型学习支架的设计

作为学习过程中的临时性支持和辅助物，学习支架对于新生代员工的微型学习尤为重要。针对微型学习这一新型学习形态，需要为新生代员工设计系统的微型学习支架，提供一种临时性的学习支持框架，目的在于帮助学习者顺利通过最近发展区，获取知识和技能并学会学习，从而提高新生代员工的学习效率。

1. 移动微型学习支架设计原则

新生代员工微型学习的本质是由特定的对象——成人决定的。尽管微型学习是一种通过新型交互方式、相对较小的学习单元和学习活动实现时空开放的学习，但在实践中，仍然存在一些问题需要克服，需在微型学习设计中予以考虑，具体包括：①目标松散：学习者背景不同、层次不一、关注的兴趣点不一样，与企业发展目标无法高度契合。②自发随机：尽管成人具有强烈的求知欲，但因缺乏系统性规制，仍难以排除外界各种干扰和影响以稳定学习情绪。③时间分散：缺乏时间管理技能。④动机难以维持：成人虽然具有独立学习的能力，但学习动力不足且难以维持。⑤管理缺位：没有系统性的学习过程监控及学习评价机制。上述问题也成为微型学习支架设计的出发点，结合学习支架设计的一般原理，新生代员工微型学习支架设计中需要考虑各种设计原理和策略，遵循如下原则，以确保学习支架设计的有效性：

（1）适时性原则。适时性原则是学习支架设计的基本考虑。作为一种随机性、灵活性更强的学习模式，微型学习的支架应该在支架显现与撤离上具有高度的适时性，要在学习者需要帮助时提供适合的支架，每个学习支架都应当有阶梯性，目的是给学习者留有恰当的发展空间。

（2）动态性原则。新生代员工的学习动机、学习进程随时发生变化，其最近发展区也会随着学习的发展发生变化，因此，学习支架也要随之调整，保持一定的灵活性和动态性。

（3）个性化原则。学习者的学习风格和起点水平不同，使得学习者的差异性很大，不同水平的学习者需要不同程度的学习支架。对于水平已知的学习者而言，任务的难度越大，支架提供得越多。

（4）引导性原则。学习支架在于引导学习者学习，而不是给出答案或替代学习者完成学习任务。学习支架不仅能帮助学习者提高学习效率，而且能使其产生动力，激发学习动机并维持学习兴趣。

（5）多元性原则。支架角色、方式及工具应该多元化。支架包括教学支架及学习支架，也包括策略性支架和技术性支架，可以由人或者技术提供，教师、学伴、家长、专家、学习者自己也可以提供支架。还可以在计算机、网络等技术环境中内嵌支架功能；支架显现和撤离方式也应该根据学习过程进行动态设定。

（6）渐退性原则。当学习者能够承担更多的个体发展责任时，支架就要逐渐撤离，给学习者更多的意义建构空间，真正实现个体知识建构。

2. 移动微型学习支架类型分析

学习支架是一种学习过程中的辅助物，是为帮助学习者顺利达到教学目标提供的经验性支持，能够促进学习者对新旧知识联系的建立，并在这些联系的基础上拓展对新知识、新领域问题的探索和解决。在学习者独自解决问题的能力不断提升的过程中，学习支架将逐渐减弱，直到最后消失。而此时，学习者已经获取了相关知识和技能并掌握了独立自主的学习方法。虽然学习支架的提出最初是针对儿童发展的，但实际上，随着以学习者为中心复杂学习和有效教学理念的提出，人们已经把学习支架看作是设计者针对学生自主学习的需要而有意识地提供的概念框架、问题情境、学习方法、学习方向、学习工具等临时性学习支持，目的在于帮助学习者穿越最近发展区，辅助支持学习者的问题解决和意义建构，并获得进一步发展和自主学习的能力。这不是对学习支架概念的泛化，而是针对以学习者为中心的学习环境构建的落实。

为了设计有效的学习支架，对其进行系统分类是一种可行的方法。从大类上看，支架可以分为教学支架与学习支架。教学支架一般从教学策略视角进行分类，可以包括：①教学策略性学习支架：引发学童参与，指出所学习事物的关键特征，示范、减轻学习时的负担，进行学习活动管理及掌控学习过程、挫折等。②疑问、反馈、建构、示范、描述、鼓励表扬和帮助、促进、倾听、榜样、回忆、建议等教学支架。教学支架强调发挥教师或者技术的传播技巧，帮助学习者完成学习任务，在日常的课堂教学中具有很好的参考价值，而对于微型学习等以学习者为中心的学习模式，学习支架一般从学习过程视角进行分类。例如，针对探究性学习可以提出接收支架、转换支架和输出支架三类；依据加涅"九事件教学原理"可以把虚拟学习环境中的学习支架分为方向型支架、情境型支架、任务型支架、资源型支架、交互与协作型支架、评价型支架六类；将支架大致区分为目标性脚手架、任务性脚手架、方法性脚手架、模板性脚手架、评价性脚手架五类，这种分类目的在于为学生学习提供帮助和支持的有效材料，对于微型学习支架设计更有参考意义。

课堂教学过程中的学习支架分类对于微型学习支架设计具有普遍的参考价值，但新生代员工微型学习具有其特殊性，需要具体针对微型学习系统进行详细分析。基于学习过程视角的支架分类成果的整合，本书将新生代员工微型学习中的学习支架主要分为以下六类，以此作为后续设计的基础。

（1）目标方向支架。学习理论认为，当学习者明白自己的学习目标和方向时，其学习动机会增强，学习效率也会提高。目标方向支架是指为使学生明确和保持学习方向提供必要的指导，以帮助学生确定起点能力、目标能力、态度动机等。从支架的表现形式来看，学习支架可以分为范例、问题、建议、向导、图表等，除了这些预设的支架外，支架还有更为随机的表现形式，如解释、对话、合作等。新生代员工作为成年学习者，其学习主动性相对比较强。然而，由于微型学习的非正式性，学习者在学习过程中也常常伴随着随意性。目标方向支架旨在让学习者在确定起点水平的基础，提供明确的学习目标，让学习者了解实现目标的困难、障碍，并继续分解目标，将学习任务具体化，最终达成具体的学习目标。根据支架的类型，目标支架可以采用问题和建议的形式。

（2）任务资源支架。网络资源很多，但大部分学习者仍感觉要寻找自己需要的资源比较困难。因此，设置任务资源支架，来框定主题范围可以减少无谓的探究和时间浪费，可减轻学习者的认知负担，并为学习者的探究和学习活动起到导航的作用。企业新生代员工所需要的学习资源类型主要涉及：语言学习、岗位专业、职业素质、应试类（考研，考公务员）、生活常识、艺术文化等方面。终端设备上各种类型的知识杂糅不清，学习者在面对如此大量的信息时，很难判断哪种信息是对自己真正有用的。在犹豫不决时不仅浪费了学习者宝贵的时间，而且更增加了学习者对学习的心理负担，降低了学习者对微型学习的信心，对学习效果会产生很大的负面影响。因此，任务资源支架应体现其任务性。资源的内容特性是任务的表现，通过完成任务来了解资源。

（3）评价诊断支架。评价指的是系统地、有步骤地从数量上测量或从性质上描述学习过程与结果，据此判定是否达到了所期望的教育目标。依据评价在教学过程中的不同作用可以分为三种类别：诊断性评价是指在学习开始前，对学习者现有的知识水平、能力发展的评价；形成性评价是指在学习历程中，对学习者的知识掌握和能力发展的比较经常而及时的测评与反馈；总结性评价是指在一个大的学习阶段，对学习者学习的成果进行的较正规的、制度化的考查、考试，及其成绩的全面评定，也称为终结性评价，其目的是给学习者评定成绩。非正式的微型学习更趋于自主化，不能随时得到教师的评价与反馈，因此，在学习过程中，微型学习的教学设计应为学习者提供评价诊断支架。新生代员工微型学习中可以利用学习契约来评价学习者在学习过程中的学习水平，通常称为学习契约评价法，指的是通过学习契约的协商制定，由学习者自己制订学习计划、学习方法、学习目的、学习内容、学习时间以及学习水平的评价等，旨在评价学习者的学习规划能力及学习者自我学习的责任心。

（4）方法策略支架。建构主义认为，意义学习发生于真实的学习任务之中。这种建构性学习环境为学习者提供真实的学习活动，促使学习者积极地、有兴趣地参与其中，分享想法、提问、讨论概念，改变他们的想法和思维概念，自主探究建构知识和意义。在真实世界的场景中，学习者参与解决复杂的、反映真实世界的、非良构问题。在这一个过程中，临时性支架必不可少，离开了学习支架而一味地强调真实情境的学是不现实且低效率的。在微型学习过程中，需要为学习者提供方法策略支架，提供学习情境和学习平台等支持。情境支持能在保证学习效率的前提下，促进学习者对新旧知识的联系，通过真实情境的创设，吸引学习者的注意，能够让学习者在学习的过程中获得真实情境的感受，帮助学习者将新的知识应用到真实的复杂情境中，使得学习情境能够以保留了真实性、复杂性的形态被展示、被体验。一些新型学习平台的选择和使用技巧对于微型学习过程也至关重要，由于触屏式平板设备的广泛应用，智能手机、平板电脑等逐渐成为微型学习的主流学习终端，特别是 Web6.0 平台能够使学习者发表微内容并在学习共同体中与其他的学习者互动。在目前的阶段，新兴的 Web6.0 平台如社交网络平台被广泛用于支持参与式学习。这些平台对满足不同形式的社会性学习目标是有帮助的，如协作性写作、头脑风暴、课程开发以及研究项目。

（5）工具技术支架。学习者需要被置于合作性的学习环境才能促进学习者的有意义学习，人们在与他人一起寻求问题的解决方法和对世界进行意义建构时，往往会遵循自己的自然的想法和倾向。建构主义认为，所有的高级心理机能都会经历两次建构的阶段：第一个阶段是作为集体活动、社会活动，即作为心理间的机能；第二个阶段是作为个体活动，作为学习者的内部思维方式，作为内部心理机能。在学习者建构知识的过程中，工具技术支架可以提供学习方法和策略，让学习者实现高级心理机能的获得。参与式学习的理念与建构主义视角下学习者必须建立自己对知识的理解并与学习共同体的其他学习者互动的理念是一致的。参与式学习对于微型学习而言，是一个很合适的学习方法，在参与式学习的环境中，学习者获得的知识已经超越了教师或课本所提供的，它为学习者提供一个平台，帮助学习者形成自己的理解，以促进学习共同体的形成，学习者需要与他人协作尝试建立自己对知识的理解。因此，参与式学习共同体的学习环境提供了一种"为成为专家而学习"的方法。

（6）文化制度支架。新生代员工作为企业工作者，企业文化制度对其微型学习有很大的影响作用。数字经济时代的到来使新生代企业员工逐步成为未来人才市场的主力军。员工的学习能力和创新能力是企业寻求优势和发展的制高点，如何吸引、激励、提高和发展企业新生代员工的能力是企业发展要面临的巨大挑战，为新生代员工提供企业文化制度支架是应对这一挑战的有效方法。文化制度支架包括企业管理者态度支架、企业政策规制支架、企业文化支架等。企业管理者对新生代员工微型学习的态度具有引导性，肯定的态度会鼓励员工积极参与微型学习；反之，否定的态度会抑制员工学习的积极性。另外，企业管理者的态度对于员工而言只是一种精神上的支撑，真正要支持微型学习还需要具体的政策规制。目前，微型学习的企业组织行为太少，企业可以加大微型学习的培训，或者用物质奖励来鼓励新生代员工进行微型学习。在重商文化盛行的现代社会，对于大多数中小型企业而言，普及企业培训不仅仅是企业体制的改变，更是企业文化的转换。一个好的学习氛围会带动所有员工积极参与学习，在通常情况下，企业微型学习以自主学习为主，学习者之间缺乏交互性。企业管理者可以考虑将微博、微信等工具与微型学习结合起来，通过微博、微信等社交工具的功能，增强在线学习的互动性，让企业内形成浓郁的互动学习文化。

（五）移动微型学习在继续教育领域的推进策略

移动微型学习在新生代员工继续教育中能否得到推广，需要现代教育技术与继续教育深度融合，促进正式学习与非正式学习二者统一的数字化教学支撑环境建设日趋完善；更需要政府及教育主管部门出台更多的扶持政策，高校、企业关于移动微型学习在继续教育中应用达成充分的共识，能够相互配合、协同创新，搭建校企联盟移动微型学习平台。为此，有必要从政府、高校、企业三个维度提出移动微型学习在新生代员工继续教育领域的推进策略。

1. 政府角度下推进移动微型学习

我国《教育信息化十年发展规划（2011—2020 年）》明确提出要完善终身教育体系，构建继续教育公共服务平台，重点开展继续教育数字资源建设与共享，移动微型学习作为继续教育新模式，是继续教育信息化的核心内容，显然需要政府部门在信息化政策制定与实施过程中予以充分考虑。微型学习资源的建设与共享，是一项巨大的教育信息化工程，仅靠几所学校或企业是难以完成的，政府部门应该积极发挥其主导作用，推动学校和企业结成资源建设联盟，开展持续的校企合作；鼓励移动、电信、联通等通信运营商参与无线网络的建设，增加 5G 网络的覆盖面；可以尝试与网络公司合作，搭建移动信息交流平台。依托网络资源，开展移动微型学习平台的建设，将学习与娱乐融合，将有助于增加新生代员工的关注度，激发其学习的兴趣。

2. 高校角度下推进移动微型学习

对于高校，要重视移动微型学习对于传统正式学习的重要补充。移动微型学习是面向学习者的个人自主学习，是以学习者为中心，以人为本的学习理念观。新生代员工作为高校继续教育主要对象，具有自主学习意愿较强，工学矛盾突出的特点，非常适合移动微型学习的推广。所以，高校在开展继续教育办学过程中，要做主动者，勇于进行高校继续教育教学改革，积极尝试引入移动微型学习模式，建设或者整合现有移动微型学习平台，开发一批实用的微型学习资源，构建移动微型学习的学习评价机制，引导学员重视移动微型学习，使其逐渐养成教师引导、个人自主进行移动微型学习的习惯。这样移动微型学习就会与传统的正式学习（如成人高等教育、网络教育、非学历培训）逐渐融合，丰富新生代员工继续教育教学手段，提升学习兴趣，促进信息素养提高。

3. 企业角度下推进移动微型学习

对于企业，要积极尝试采用移动微型学习平台开展人力资源开发与管理工作。对于新生代员工而言，接受新兴事物能力强、工作流动性大，同时，企业也存在异地办公等问题，采用移动微型学习形式，可以使培训资源利用率最大化，有效降低新生代员工上岗培训成本，符合企业教育价值属性的要求。在实际操作过程中，可以采用渐进式的应用策略，前期可以集中在岗前培训，开发一批适用于安全生产操作的微型资源，如短信息、彩信、时长几分钟的视频、音频等资源，鼓励员工利用零散时间进行学习，同时，鼓励员工积极参与微型学习资源的制作，对于被采纳的资源可以给予一定的物质与精神奖励，充分调动其参与学习、参与资源建设的积极性；考虑到企业师资不足和微型资源建设经验缺乏，可以和高校合作共建共享微型学习资源，这样可以有效降低企业的培训成本。随着移动微型学习模式逐渐被员工和企业所接受，后期可以把移动微型学习应用到企业教育的多个领域。企业开展微型学习时需要注意以下方面：

（1）掌握企业员工学习的"微需求"。培训需求调查分析是整个培训工作的基础，它既是确定培训目标、设计学习活动的前提，也是进行微型学习的基础，更是显著提高培训质量和学习效果的重要手段，成为开展微型学习的首要环节。中小企业在进行微型学习之时，由企业培训部门采取各种办法和技术，对企业成员的目标、知识、技能等方面进行系统的鉴别与分析，从而确定培训必要性及培训内容。在微型学习方案设计上，企业应该以实际需要对培训进行需求分析。在进行需求分析时企业要采用科学的方法弄清谁最需要培训、为什么要培训、培训什么等问题，并进行深入探索研究。企业应该以实际需求为本，进行员工学习内容需求分析，根据分析结果确定开发模式，使微型学习有效开展。

（2）推广企业员工学习的"微模式"。成人的视听觉敏感度、学习时间的持久性、动作协调性；机械性记忆力随着年龄的增长而下降，但同时理解力不断提高，对概念和规则的理性逻辑认识增强，这就要求在企业学习资源的设计与开发的过程中，要考虑员工学习的多样化和生理发展趋势，以满足不同年龄层次学习者的需求。中小企业要针对成人学习的模式和特点，在培训模式上，改变课堂、教师、教材的传统"三中心"模式，学习方式以讨论教学、角色训练和现场训练为主，以提高能力为重点，从娱乐趣味的角度出发，在依赖个人体验的基础上，提高心智能力和动手能力。微型学习资源建设更要注重选择学习模式，突出职业技能，在培训中要加大技能训练的时间分配，培训过程以提高能力为重点，使微小的学习内容可以通过轻便的学习设备轻易地获取、存储和流通，并在轻松的心态下获得一种愉快的、自由的以及带有娱乐性的学习体验。

（3）搭建企业员工学习的"微平台"。随着网络及远程教育的普及，各种通信手段及形式的迅速发展，信息的传播速度越来越快，各种微型移动终端和信息传播设备不断更新，这些新的变化促使移动终端设备应用于微型学习成为可能。因此，搭建必要的媒介平台成为企业微型学习成功开展的重要保障。相对于常规学习，微型学习平台富于交互性；相对于传统的印刷文本，微型学习资源能够提供多样化的媒体素材，真实完整地呈现语言场景、情景。故企业需要建设有效的学习服务环境，集聚丰富的课程资源，并提供碎片化、易理解的微内容。微型学习平台要有友好的人机对话界面，通过平台，企业员工可以使用管理个人信息、选择学习资源和信息检索等功能，还可以在移动终端的帮助下进行简单而直接的操作，进入特定的问题或者学习情境进行独立学习。

（4）设计企业员工学习的"微资源"。企业课程学习资源是一种特殊的企业资源，是学员可以充分、合理地使用的学习资源。微型学习中对学习内容没有明确的安排，凡是与学习有关的事物和条件都可以成为学习资源，但是这种潜在的资源必须同企业员工的工作实际产生必然的联系才能成为学习资源。目前，中小企业在开发微型学习资源方面经验还是比较欠缺。因此，校企合作共建共享微型课程资源，形成资源共建共享机制，是一种双赢的选择。在课程资源设计过程中，要考虑学员"学什么""如何学"的基本途径和手段，要体现其应包含生活情境之中一切有意义联系的人物、事件、材料、技术、活动等内容，要充分认识微型学习资源不是独立于课程之外的东西，是课程的内部要素，是学习活动的对象、条件和环境，是在学习活动层面上课程资源建设的整体规划与支持。[①]

---

① 张艳超．转型期普通高校继续教育信息化建设研究［M］．武汉：武汉大学出版社，2015：75-97．

二、翻转课堂教学模式的建设

2021 年 8 月 27 日，中国互联网络信息中心（CNNIC）发布了第 48 次《中国互联网络发展状况统计报告》（以下简称《报告》）。《报告》显示，截至 2021 年 6 月，我国网民规模达 10.11 亿，较 2020 年 12 月增长 2 175 万，互联网普及率达 71.6％。十亿用户接入互联网，形成了全球最为庞大、生机勃勃的数字社会。在网民上网设备中，手机占非常大的比重，网民在电子商务类、休闲娱乐类、信息获取类、交通住宿类等方面手机的使用率都在快速增长，移动互联网带动了整体互联网各类应用发展。目前，翻转课堂教学模式已经成为一种新型的学习方式。在面向成人的高校继续教育领域，现有的"集中面授＋网络助学"相结合的混合教学模式具有翻转课堂的雏形，同时普通高校继续教育对象以 80 后、90 后的从业人群为主，这些学生带有明显的"网络原住民"特征，智能手机、iPad 等移动设备已成为其必备的生活和学习工具，移动微型学习的快速发展使普通高校继续教育采用翻转课堂教学模式成为可能。

翻转课堂是一种先学后教、以学定教的新型教学模式，它最鲜明的特点是要求在教学实践中打破并重组传统的课堂教学程序。翻转课堂的核心意义在于赋权，在于借助技术满足学习者多样化的学习需求，实现个性化学习，其主要特征有以下三个方面：

第一，教学流程的逆序创新。翻转课堂颠覆了"知识传授＋知识内化"的教学流程。在传统的教学组织模式下，学生学习是一次性的，不能够重复学习，遇到难题时不能及时得到解答。翻转课堂则把知识传授的过程放在课下，学生可以把控整个学习过程，实现按需自主学习。课堂时间聚焦于知识内化和问题解决，教师可以设计丰富的教学活动，引导学生进行深度学习。

第二，师生角色的重新定义。在传统课堂中，教师是知识的拥有者和传播者，而学生通常处于被动接受知识的地位。翻转课堂中，学生从边缘走向中心，是学习活动的参与主体，教师则变为学生学习的指导者、学习资源的提供者和学习活动的组织者。在课前自学阶段，学生可以自我安排学习进程，实现自定步调学习，教师则需为学生学习提供全程的支持服务。翻转课堂真正实现了建构主义理论所倡导的"教师为主导、学生为主体"的双主教学模式。

第三，教学资源的一体化设计。翻转课堂中的教学资源融合了内容载体和活动组织两大功能，强调学习资源的一体化设计。一是从教学设计的角度入手，进行线上、线下学习资源的整体设计，有效避免资源重复建设问题；二是让资源承担一部分教学活动组织功能，通过学习资源的交互式设计引导学生学习过程的有效发生。

翻转课堂已经成为高校继续教育领域教学改革的一个新的发展趋势。信息技术的快速发展使翻转课堂教学模式变得可行和易行，在翻转课堂教学模式下，学生可以在家或课外观看教师制作的教学视频，完成课程内容的初步学习；然后在课堂上进行师生、生生间的学习问题分享和心得交流，进而完成课程内容的深入理解与掌握；课程结束后学生可以通过这些教学视频巩固和复习学过的知识。

（一）在高校继续教育中引入翻转课堂教学

1. 继续教育学生微型学习需求

随着消费时代的到来，教育培训已经成为一种商品。继续教育学生逐渐有更多的机会和权利选择适合自己的继续教育培训服务，如成人高等教育、网络教育、自学考试等，还可以通过慕课（MOOC）平台学习网络课程获取学分，激烈的教育市场竞争和学生新的学习需求对高校继续教育教学模式提出了更高要求：在学习内容方面，具有趣味性、强实用性、方便易学的微型学习资源更受欢迎，例如，轻松百科、安全教育、语言培训、技能培训、学历教育、人际沟通、金融理财、健康保健、子女教育等方面资源受学生关注度较高，热衷于"消费文化""快餐文化"和"娱乐文化"，学习成为一种文化消费和生产合一的活动；在学习方式方面，要求学习形式更加灵活方便，学生不脱产学习，收效快，学费少，不仅适合流动性大的在职员工学习，而且也要适合工作条件特殊和有家务牵累的职工学习，能够较好地解决工学矛盾。随着新媒体技术的快速发展，基于移动微型学习平台的翻转课堂教学模式建立可以在一定程度上满足继续教育学生微型学习需求。

2. 继续教育教学模式亟须创新

高校开展的继续教育主要是面向成人高中后和大学后各种形式和类型的高等学历和非学历继续教育。学历继续教育主要包括成人高等教育，以函授、夜大教育形式为主，非学历继续教育主要包括研究生课程进修班、自考助学班、普通预科生班、进修及各种企事业培训等。远程教育的快速发展给高校继续教育办学带来显著影响，创新了其教学模式。远程教育在中国的发展经历了三代：第一代是函授教育；第二代是20世纪80年代兴起的广播电视教育；第三代是20世纪90年代以来，随着信息和网络技术的发展而兴起的现代远程教育。很多高校继续教育办学模式基本以第一代的函授教育形式为主，虽然部分高校已经构建了网络教学平台，开展继续教育网络助学探索，但是现有教学模式没有发生本质上的变化，这种网络助学模式往往是传统课堂的照搬，只是将教师的授课视频、课件、习题资源放到了互联网上，用网络课程代替教师，学生独立地自主学习，而面授环节师生和生生之间面对面的交流学习时间很少，甚至完全取消，这样的教学模式虽然有效缓解了工学矛盾，但是由于开发的网络课程资源不适合学生碎片化学习，同时，学习缺乏有效互动和教师引导，教学效果堪忧。所以高校要适应学习生态媒介的发展变化，及时引入新的教育技术，促进教学改革。

3. 继续教育教学模式与翻转课堂相通

继续教育现有教学模式通常包括知识传授和知识内化两个阶段。知识传授是通过教师在课堂中的讲授来完成，知识内化则需要学生在课下自学来完成。现有继续教育考核标准较低，学生的知识内化效果较差。翻转课堂知识传授在课前由学生借助网络教学视频自学完成，知识内化则在课堂中通过老师帮助与同学的协助而完成。继续教育现有教学模式与翻转课堂的各要素对比见表4-1。① 高校继续教育现有教学模式与翻转课堂教学模式具有相通之处：二者都是要求学生具有自我学习能力，但其学习媒介、学习资源不同；都存在面授环节，但面授环节的教学目标不同。翻转课堂强调网上互动环节，但是继续教育现有教学模式网上互动环节鲜有发生。继续教育现有教学模式具有翻转课堂的"雏形"，将翻转课堂引入成人（继续）教育领域是可行的，值得尝试的。

表4-1 传统教学模式与翻转课堂各要素对比表

	传统教学模式	翻转课堂
教师	知识传授、辅导与考核	学习指导者、促进者
学生	具有自主学习能力	具有自主学习能力
教学形式	集中授课前自学＋课堂讲解	课前自主网络学习＋网上互动＋课堂探究
课堂内容	知识讲解、传授	学生问题解答，讨论探究
技术应用	内容展示	内容展示、网上互动、协作讨论
评价方式	传统笔试	笔试、机考、综合评价等多种方式

（二）高校继续教育翻转课堂教学模式设计

继续教育翻转课堂教学模式有别于现有的网络教育，一方面，网络课程资源更加精炼化，授课视频短小精悍，教学信息清晰明确，便于学生利用零散时间非正式学习；另一方面，突出网络课堂的教学互动，强调在教师引导下学生自主探究学习，促进知识的吸收内化。该教学模式设计加强了对学生非正式学习的支持，重视传统的正式学习（学校主导）与非正式学习（学生自主探究）的相互融合，具体建设方案如下：

1. 构建继续教育移动微型学习交流平台

开展高校继续教育翻转课堂教学，必须构建网络助学平台，建设一定数量的网络精品课程。目前，一些高校已经构建了网络教学平台，但是这种教学平

---

① 张艳超．转型期普通高校继续教育信息化建设研究[M]．武汉：武汉大学出版社，2015：91-97.

台多数属于以知识传授为目标的学习平台，高校仅仅是把传统课程教学内容搬到互联网上。视频资源一般 30～40 分钟/集，冗长、精品化不足，知识点也没有详细划分。同时，现有的网络学习平台内容显示技术对学生利用手机等移动终端学习支持性较差，不利于学生利用零散时间学习。如果再重新开发移动学习平台和手机软件，那么，不仅增加研发成本和技术难度，而且也会造成现有学习平台的冗余。移动微型学习应该从"技术"回归"学习"，重视现有平台及资源的整合，共建共享，使开展翻转课堂教学模式变得简单、易行、有效。

高校可以基于微信公众平台构建面向成人（继续）教育的移动微型学习平台。继续教育学生可以手机登录到学习软件的微信公众平台，利用第三方客服平台实现对微信公众平台接口的二次开发，通过第三方客服平台配置机器人的自动问答列表信息，加入微型学习资源平台的网址链接，就可以实现学生与微型学习资源平台的内容交互，学生就可以开展课堂学习和习题练习了。微型学习资源平台实质是一个独立的 B/S 三层体系架构的网络学习与管理平台，功能和传统的网络教学平台基本类似，含有学生基本信息查询、教学视频学习、习题练习、成绩查询、教学评价等多个功能模块。所以目前普通高校在用的网络教学平台可以替代该平台，但是内容显示页面需要做一定的完善修改，以便于利用手机等移动设备观看。同时，第三方客服平台提供丰富的教育学习、休闲娱乐、生活服务等功能模块，可以作为微型学习资源平台的一部分，学生可以直接使用其资源。选用微信作为移动微型学习软件，技术支持有保障，功能不断扩展，二次开发成本低和容易使用，受到继续教育学生的欢迎，有利于实现学教娱乐一体化。

翻转课堂成功与否的一个重要因素取决于师生、生生之间交流互动的程度。目前一些高校的继续教育往往学完一门课程，学生之间、师生之间名字都叫不上来，教学互动效果可想而知。现今时代，学习不再是内化的个人活动，而是借助高度交互的、高度网络化的媒介，进行情景认知、分布式认知的过程。学生更加关注学习过程的便捷性、参与性与交互性，强调学习的趣味性，强调学习、生活、娱乐相结合。目前虽然很多高校投入大量人力、物力开发了在线答疑系统，老师集中某一个时间段进行在线答疑，但是很难实现继续教育学生的上述需求，所以在线互动交流效果不佳一直是各学校开展网络教育的短板。

目前广泛使用的腾讯 QQ 群、微信群组等即时聊天工具在师生互动交流方面更具生命力和活力，二者已经在继续教育学生、班主任和教务管理人员之间得到了普遍应用，微信群组、腾讯 QQ 群与微信公共平台又互联互通，因此作为继续教育翻转课堂的线上互动交流平台是非常可行的。目前该交流平台技术上不存在太多问题，关键是高校需要出台在线互动交流工作量统计办法，以激励教师、班主任、管理人员积极参与在线答疑辅导交流，丰富课程考核机制，鼓励学生通过互动交流平台进行学习交流，分享学习心得体会。

2. 建设继续教育精品课程的学习资源

在面向成人的继续教育翻转课堂教学模式中，学生大多数时间以观看教学视频自学为主，同时通过网络学习平台完成一定数量的习题练习巩固所学的知识。所以，教学视频的质量和练习资源的设计非常重要。随着新媒体时代学生的网络学习途径和内容多样化，高校继续教育考核机制的不断完善，继续教育课程是否普教化的讨论在网络学习领域逐渐弱化，因为网络学习是自主学习，所学习的课程内容关键是要精品，对其自身发展有用，学生觉得有的章节难，不需要可以不学，满足考核要求即可。例如，国内的网易云课堂、爱课程网、中国大学 MOOC 等，正是由于其课程优质、实用，所以吸引了大量成人通过网络继续学习，所以普通高校建设的网络精品课程、视频公开课、精品资源共享课等课程资源不仅限于普通高等教育使用，而且可以通过二次开发，纳入高校继续教育网络课程体系，这样就有效破解了普通高校继续教育网络课程开发质量不高的问题。

成人教学视频不能只是传统课堂的简单照搬，成人学习最主要的特点是学习时间零散，为了更好地适应目前工作要求和未来更好发展，需要边工作边学习。所以，高校继续教育翻转课堂的单个教学视频一般以几分钟到十几分钟为宜，学测评导需要一体化，学生观看视频后，立即可以通过单元测试巩固刚才所学的知识点，系统能够自动判断对错。随着学习分析技术的发展，需要通过对学生回答问题情况进行数据汇总、统计分析，以帮助教师真正了解学生对所学内容的掌握情况。

3. 合理设计继续教育翻转课堂教学过程

成人学习特点决定了其继续教育是一种自导型的学习模式，继续教育翻转课堂通常分为课前、课中、课后三个阶段，是一种以在线虚拟学习为主、面对面集中面授为辅的教学模式。

（1）集中授课前属于继续教育学生的自学阶段，学生可以利用移动微型学习平台自主学习，通过互动交流平台与任课教师、班主任和教务管理人员进行各种问题沟通交流。教师、班主任与教务管理人员负责通过微型学习资源平台发布教学微视频、习题、课堂主题活动，开展教学安排和通知工作，负责学生学习的监督、引导与答疑解惑。目前高校继续教育领域教师、教务管理人员、班主任、继续教育学生相互之间的信息交流多数通过腾讯 QQ 群或微信群组来解决，高校可以进一步加大推进师生使用腾讯 QQ 群或微信群组的力度，鼓励教师或者班主任把腾讯 QQ 群或微信群组里面精华帖子或者学习资料汇总、整理后上传到微型学习资源平台，丰富教学资源库。

（2）集中授课属于继续教育的集中面授阶段，需要重建课堂教学对话方式。翻转课堂面授环节既是区分网络教育的重要标志，又与传统成人高等教育面授有明显区别。现有继续教育面授环节属于以教师为主的信息传递，由于学生已经通过移动微型学习平台对课程进行了自主学习，任课教师的角色将不再是以讲授为主，而是重点放在解决学生在移动微型学习过程中遇到的共性问题，组织课堂讨论活动，帮助学生完成知识的内化，辅以案例教学和课程内容精髓的讲解与升华，锻炼学生的分析和解决问题的能力，培养学生的团结协作精神。这就要求任课教师也要和学生一样一起去学习这门网络课程，学习也是其教学的一部分，教师有这方面的专业背景，学习起来会非常快，老师把讲授的时间大部分用来答疑，主持分组讨论和测试考核。

翻转课堂教师教学能力与理论水平要求可以相对弱化，转而要求其具有长期耐心、细致服务学生的能力。这部分师资可以由工作认真负责、年轻好学的教师，甚至是在读研究生担任，而不一定是高校的名师，因此老师节省了大量的备课和讲授时间，同时，翻转课堂教师又可以向网络课程讲授的名师学习，参与翻转课堂的积极性也会提高。成人的工作繁忙，学习时间安排要求有较强自主性，所以继续教育翻转课堂的面授环节时间要比目前的成人函授教育减少，一门课程翻转的次数不宜过多，一般以2~3次为宜。

继续教育翻转课堂必须重视课堂面授环节，一方面，因为移动微型学习也有其自身缺点，知识系统性差，呈现无深度的平面化发展，学生主动学习意愿不强，类似广播电视教育和网络教育在发展过程中存在的诸多问题不是靠信息技术就可以解决的，必须通过集中面授环节来辅助，以确保继续教育的教学质量；另一方面，目前成人学生学习具有很强的功利性和目的性，主要以拿文凭为主，课堂面授流于形式，旷课率很高，课堂教学气氛差。翻转课堂教学模式需要改变过去简单的划重点和知识讲授模式，构建知识探究和课堂讨论情景，完善课程考核机制。在教师的主导下，师生、生生间面对面的分享交流学习体会与心得成了课堂学习重要内容，这对教师教学提出了新的要求。虽然教学时间缩短了，但是教师课酬不能按传统方式计算，应不低于讲授现有一门课的课酬。

（3）集中授课后是继续教育学生温故知新阶段。一方面，学生可以对自己前期学习的知识和老师集中面授的讲解进行总结与内化，也可以通过移动微型学习平台的轻松百科、文化鉴赏、安全教育、语言培训等栏目进行趣味学习，提升自己的综合能力和文化素质；另一方面，可以通过互动交流平台的QQ群、微信群组进行同学之间的信息交互、感情交流，拓展自己的朋友圈、关系网。

作为成年人，继续教育学生需要有更多的人际交流机会，线上线下都需要，这也是其参与高校继续教育的一个重要原因。所以高校除了做好网上精神家园的打造，也要适当地组织一些线下活动，如校园参观、素质拓展等活动，增强学生的归属感和自豪感。

第三节　高校继续教育信息化建设的质量提升

随着信息化深度发展，如何运用信息化提升高校继续教育质量，是一个重要的理论和实践课题。继续教育是高等学校履行社会服务的重要途径，是学习型社会的组成部分。在信息化深度发展的推动下，作为实施继续教育重要主体的高校，面临前所未有的机遇和挑战，如何通过加大高校继续教育信息化力度，促进高校继续教育信息化质量建设，是至为关键的课题。

一、信息化与继续教育的高质量转型发展

（一）教育活动与信息技术融合是继续教育发展趋势

继续教育作为现代教育发展的重要形态，本身就是在教育活动与信息技术结合中起步的。最初形成的以视听技术运用为主要形式的广播电视教育等远程教育，就是运用信息技术开展学历补偿和职业后教育的形态。信息化浪潮的推进，带来了教育理念、教学方式和学习模式的巨大变革，极大地丰富了继续教育实践。进入 21 世纪，互联网飞速发展，尤其是大数据、网络社交、云计算等广泛应用，更加深刻地改变了人类固有的知识体系、学习方式和教育模式。新一轮信息化催生了各种信息技术在继续教育领域的广泛运用，信息化在其中的作用和价值更加显现出来，对继续教育思想与观念、管理模式、教学内容和方法产生了变革性推动。换言之，继续教育与信息化有着天然的、内在的联系，借助信息技术促进继续教育发展，是一个规律性趋势。

（二）加强信息化应用是继续教育转型发展必然要求

高校继续教育适应经济社会发展，伴随现代化进程深入推进，充分发挥高校学科、人才优势，参与构建学习型社会和终身学习体系，取得了显著成就。进入新时期，高校继续教育发展面临新的形势和挑战。在需求层面，国家重大战略和区域社会经济发展，如推进经济高质量发展等战略，需要高校继续教育提供充分的人才支撑。在供给层面，学习型组织发展和多元类型教育融合，特别是企业大学的快速发展、职业教育集团的兴起，引发继续教育格局重组，以质量为导向的竞争日趋激烈。高校继续教育由学历补偿性教育转向非学历的素质提升教育，需要更加注重人才培养质量。换言之，高校继续教育进入了从数量规模型向质量效益型转型的发展时期。应对这一转型发展，高校继续教育要

抓住信息化发展机遇，充分利用信息技术推进继续教育模式创新，提升服务社会、培养人才的能力。

（三）信息化为高校继续教育高质量发展带来契机

从人才培养看，一些高等院校继续教育学生数量庞大，但是忽视内涵建设，人才目标界定不清晰、培养定位不准，教学针对性不强，课程教材缺乏特色，特别是实践性不够，师资力量薄弱；从办学机制看，一些高校继续教育机构办学力量不足，优质资源整合不够，特色不够鲜明，专业渠道狭窄，缺乏拓宽办学路子的能力。为解决当前高校继续教育中存在的突出问题，高校必须通过加强继续教育与信息技术的融合发展，对学习者、教师、学校等继续教育的参与者和教学办学各环节，进行模式再造和系统重塑。通过信息化提升发展质量，实现继续教育健康发展。

二、信息化是推进继续教育高质量发展的着力点

当前，现代信息技术发展呈现多媒体化、网络化、数字化和智能化趋势。信息技术对继续教育实践的影响是全面的、深刻的、革命性的。随着信息化的深度发展，高校继续教育在内容、方法、模式以至对学习者、教育者、管理者的要求等方面都发生了巨大变化。高校继续教育必须准确把握信息化技术的最新发展趋势，借助先进适用的技术、模式，形成解决方案，提高教学水平。

（一）移动网络与多媒体化支持下的泛在学习

20世纪90年代以来，随着信息技术对教育的不断渗透，多媒体和计算机网络等新技术被广泛应用于教育领域，推动了泛在学习兴起。泛在学习通过超链接实现本地资源与远程资源的无缝链接，学习的内容空间得到了极大扩张；利用构件化技术，即时性更新教育内容，提供全面的教育在线服务，支持按需学习、适时学习、弹性学习，为学习者提供时时处处在线学习的场景。泛在学习呈现出学习内容海量、优质资源共享共建、学习交互性强等特点。大规模在线开放课程MOOC就是基于网络教育的泛在学习典型方式，其以现代信息和网络为技术支撑，搭建开放灵活、功能强大的教育网络平台，把优质资源输送到有需要的终端，实现人人可学、时时能学、处处易学。继续教育与泛在学习在学习机制上有内在契合性，值得充分借鉴，运用其核心理念和技术解决问题。

（二）人工智能下的自主学习发展

"人工智能"（Artificial Intelligence，AI）下的自主学习是在1956年达特茅斯研讨会上提出，当时指机器模拟人的智能。经过多年的发展，人工智能发展经历了计算智能、感知智能阶段，步入认知智能阶段，其内涵不断拓展，逐步聚焦于模拟、延伸和拓展人类智能的功能。近年来，一些国家已研发应用计

算机智能辅助教学系统。一些高校设立自主在线学习平台，学习者通过平台进行选课、课程学习、课后测评等。这实际上是人工智能下的自主学习技术在继续教育活动中的运用。这种基于大数据的自主在线学习，可以根据数据对学生的学习情况进行评估，预测学生未来的学习表现并智能化推荐适合学习内容，让学习者能够从多元化的学习内容中进行自主选择，实现学习的个性化。同时，通过将信息技术、视频、网络和智能化平台等因素综合起来，搭建多重交互、合作学习、资源共享的环境和情景，对学习者持续性诱导和激励，使其形成自我学习机制，激发和培养学习者的创新思维及实践能力。

（三）大数据推动下的智能教育教学管理

伴随着移动通信、云计算、传感器、物联网等现代信息技术的快速发展，人类社会进入大数据产业化的时代，为改进继续教育办学机制及丰富教学内容提供了支持，对推动继续教育教与学的对接、管理以及市场开拓提供了智能化手段。一方面，通过教育大数据的运用，准确分析把握学习者的特点和类型，动态地改进、调整教学方案和内容，可以增强教育的针对性和有效性；另一方面，通过数据化应用，实现对继续教育要素的数据处理，可以及时、深度挖掘教育活动供给需求资源，实现市场需求分析、精准教育评价和办学需求调研、项目开发等教育决策科学化，提升教育管理的精准化。

三、运用信息化提升继续教育质量的重点策略

信息化支撑继续教育质量建设具有综合性、过程性、渗透性，影响因素多元、动态、复杂，其中学习资源、教师、教学管理等因素至关重要。当前必须抓住主要问题，通过要素资源、平台、机制的整合再造，提升信息化应用水平，加强质量建设，提高高校继续教育质量。

（一）建立动态集约共享课程资源体系

课程是教学活动的基本载体，只有课程有质量了，继续教育才可能有质量。高校要结合继续教育发展实际，利用多媒体技术，实现教学内容、网络课程、辅助资源的信息化，创建丰富的、分布式的教学资源库。可以发挥高校原创和学科优势，建立校内优质教育资源在继续教育与其他类型教育之间的分享平台，通过建立优质课程资源库、电子教室、微课等形式，促使本校优势教学资源向继续教育外溢。高校可建设课程教学与应用服务有机结合的优质在线开放课程，利用信息技术提升教学水平、创新教学模式，利用翻转课堂、混合式教学等多种优质数字资源。同时，针对继续教育实践性强的特点，探索互联网条件下课程资源的共建共享，打造一批多元化、实用化、网络化的课程"超市"。鼓励通过与具备资质的企业合作、采用线上线下结合等方式，推动在线开放资源平台建设和移动教育应用软件研发，加快推动继续教育服务和学习方

式的变革。①

（二）推进适应性信息化教学模式方法创新

积极探索远程学习、网络学习、移动终端学习等新型教学模式的特点和规律，实现教学方法、手段的网络化，创建方便灵活的教学互动平台。利用云计算、移动互联网、智能家居等新技术，实现教学和管理的移动化、多终端化，创建时时能学、处处可学的教学环境。要加快推进现代信息技术与教育教学深度融合，推进在线开放课程和虚拟仿真实验教学建设，以提升教师信息技术应用能力为着力点，加快利用信息技术改造传统教学，提高教学水平。深入推进网络学习空间互通，形成线上线下有机结合的网络化泛在学习新模式。引导学校与教师依托网络学习空间记录学生学习过程，进行教学综合分析，创新教学管理方式。

（三）运用信息技术优化继续教育教师资源

高校继续教育需要充足的优秀教师资源，当前，一些高校继续教育缺乏充足的专业教师，一些教师参加继续教育时间精力不够，校内整合资源不够，教师对信息化手段的运用能力也不够。高校继续教育务必重视师资资源建设，在加大培养和引进实践经验丰富的高素质教师同时，还应运用现代网络技术，拓展、整合、利用各方面教育资源，探索"名师课堂""名校网络课堂"等信息化教师教研新模式，推广"虚拟教师"技术应用，运用虚拟化的名师、大师，丰富教育资源，激发学生的学习兴趣。信息化发展促进了教育方法和手段多样化，教师职能也发生了变化，除了传递知识、信息以外，更要注重引导学习者运用信息技术自主获取和运用知识。因而要加强教师自身的继续教育，特别是通过培训，提高教师驾驭信息化的教学能力，为提升教学质量提供强有力的保障。

（四）构建继续教育质量管理的信息化平台

高校应建立基于大数据推动科学管理的平台，充分运用各种数据，挖掘其中体现各类主体的需求偏好，主动对接经济社会发展对人才素质要求，及时调整和优化学科专业结构。利用大数据技术开展对教育教学活动和学习者行为数据的收集、分析和反馈，为推动个性化学习和针对性教学提供支持。创建高效安全的教学质量管理平台，对教学过程进行全程质量管理。健全教学服务支持平台，形成贯通科研支持、教学服务和教学保障的综合性支持体系。继续教育具有市场化运作特质，要通过信息化加强继续教育培训项目市场化办学行为管理，对广告宣传、市场拓展等进行有效监管，运用信息技术手段，规范各类办学主体的招生、考试、发证、收费和其他办学行为。

---

① 刘春．信息化背景下高校继续教育质量提升的思考[J]．教育传媒研究，2019，(5)：62-64.

第四节　高校继续教育信息化建设的推进方式

一、高校继续教育信息化建设推进的问题

（一）信息技术与教学融合不深入

在高校继续教育领域，很多学校已经认识到信息化建设的重要性，也开展了一系列继续教育信息化建设，例如，搭建网络教学平台，采用多媒体教学，录制网络课程资源。但是在实际应用过程中问题还是比较多，例如，有些继续教育学员还是喜欢面授学习，不喜欢完全采用网络学习；而且根据网络学历教育实际教学效果来看，完全网络学习的教学质量还需要提高，一些高校的继续教育信息化并不能有效提高成人教学质量，只是方便了学员学习。鉴于此，部分高校对继续教育信息化的重要性和紧迫性还缺乏深刻的认识，信息技术与教学融合一直处于浅层次的初级阶段。

继续教育领域的 E-Learning 教学范式基本上属于以知识传递为中心的接受认知范式，一些高校仅仅是把课程教学内容搬到互联网上，相应的网上教学活动基本上没有开展。在新生代学员自我学习能力有限的情况下，这种教学范式显然得不到他们的认可，所以大部分高校开展的网络教育教学效果并不是很好。在信息化高速发展的时代，需要更多地关注学习过程的参与性，强调知识内容的内化，新生代学员也希望能够在教师主导下进行自主探究学习，在工学矛盾与有效学习方面得到更多的帮助。因此，高校继续教育需要加深与信息技术的融合。

（二）信息化建设服务的意识不强

互联网的快速发展突破了时空限制，整体网民的信息素养逐步提高。高校是专业学科齐全，各方面人才汇集的地方，在倡导终身教育，构建学习型社会的大背景下，继续教育信息化建设也迎来了良好的发展机遇。但是很多高校的继续教育信息化建设目标往往局限于校内办学，主要为了实现教务管理工作的信息化，面向社会办学的思想还不够开放，主动为社会提供服务的意识比较淡薄，信息化建设的社会化效益没有充分发挥出来。目前，高校面向企业、面向社区开展继续教育办学业务进展还很缓慢，这和高校自身继续教育信息化水平较低有很大的关系。例如，目前的社区教育、老年大学等主要由各级广播电视大学或开放大学来承担建设，和广播电视大学或开放大学相比，高校虽有师资优势，但是数字化学习平台建设、学习资源建设、平台在线支持服务等方面还明显不足，信息化建设服务的意识还不够强。

（三）网络教学平台建设还需加强

部分高校开展继续教育信息化建设，构建的网络教学平台不同程度地都存在一些问题。例如，把平台做成了门户网站，首页面显示项目功能齐全，但没有强大后台的技术支撑，只能完成信息发布等基本功能，这种网络教学平台资金投入不大，但是功能非常有限，不能有效支撑成人（继续）教育网络助学，建设水平处于继续教育信息化的初级阶段，一般需要几万元的建设费用。再如，在门户网站的基础上建设一个教务管理系统或者网络课程播放系统，由于采用公司提供的通用平台，缺乏量体裁衣式的定制开发，导致平台的易用性不强，很多工作还是需要线下操作完成，一般需要几十万元的建设费用，这种建设模式对成人（继续）教育网络助学的支撑有限，线上、线下都要操作导致使用该平台的相关老师抵触情绪很大，对于推进后续的继续教育信息化非常不利。一些高校投入上百万元的资金，力图打造高校继续教育信息化综合支撑环境，实现教务、教学、办公系统的一体化，学历教育、非学历教育一体化。但是建设的平台往往达不到预期的效果，有的教务管理系统因为技术问题后续部分工程中止，有的教务教学管理系统不能成为一体，本应该线上完成的大量工作还需要线下来做。高校只能使用该平台的一部分功能，投入和产出明显不成比例。

高校开展继续教育信息化建设经常出现上述现象，主要原因在于继续教育的特殊性、灵活性、多变性，以及相关高校管理人员的信息素养水平有限，对现代教育技术了解的缺乏，需求分析调研不深入，高校和公司双方功能需求信息不对称，从而导致出现了大量的继续教育学习平台建设不太成功。即使高校采用的是一些比较知名的网络公司产品，也具有一定的建设风险，因为技术开发人员不能完全掌握高校继续教育信息化的真实需求，如果用户自身不重视实际工作需求分析设计，信息素养不高，一味地认为公司技术人员能够把其需求完全理解，可以解决平台建设中遇到的一切问题，那么平台在实际建设过程中可能就会遇到问题。毕竟高校的资金投入是有限的，公司要考虑运营成本、开发人员成本，不可能投入大量时间、精力和用户在每一个需求环节上进行长时间沟通完善，只倾向于针对一种教育形式作模板式开发。总而言之，高校继续教育的网络教学平台建设还需加强。

二、高校继续教育信息化建设的推进策略

继续教育信息化工作是一项系统工程，其基础与核心是创建数字化学习环境，继续教育信息化系统的建设仅是第一步，还需要从提供优质教育资源、更新管理理念、加强管理与教师队伍建设等方面齐抓共举来提升继续教育信息化水平。继续教育信息化建设水平取决于在线学习平台、优质教育资源、管理系

统、信息化管理理念与流程、管理队伍及师资队伍信息素养等多个要素。为提升信息化建设整体水平，高校需要在多个层面加大建设力度。

（一）更新继续教育理念，完善管理体制

高校继续教育信息化应以新的教育思想、新的教育观念指导信息技术在高校继续教育各个部门的广泛应用。应根据创新人才培养的要求，利用信息技术，探索新的教育模式，促进教育现代化。继续教育信息化的过程不能简单地认为是信息技术的引入过程，不能简单地等同于计算机化或网络化。继续教育信息化的过程是教育思想、教育观念转变的过程，是以建构主义的观点对知识传授过程进行系统分析、认识的过程。只有在这样的基础上指导信息技术在教育领域的应用，才是我们所需要的教育信息化。

完善的管理体制、清晰的管理思路是提高管理工作水平的前提。高水平的办学需要高水平的管理，而管理水平的高低很大程度上取决于管理的模式与理念。高校继续教育信息化建设促进了管理模式的转变与管理理念的更新，同时为继续教育教学模式创新创造了条件。面对日益庞大的继续教育学员群体，与时俱进的理念与信息化技术手段，可以带来便捷、高效、优质的教育服务。

在传统的教育观念中，教育的意义通常是指校内教育，而且是阶段性的。教育对象也往往仅限于一定年龄，教师通过课堂、实验室等特定的教学环境，运用语言、姿势、表情、文字向学生传授知识以及做人的道理，完成教学任务，达到言传身教、教书育人的目的。在信息技术飞速发展的今天，教育不再局限于校内，而是以信息网络传输为技术核心，拓展到课外教育、家庭教育、社会教育；教育对象也突破固定年龄的圈子而向外延伸，由阶段性教育转变为终身教育、成人（继续）教育，真正实现了活到老学到老，学生在教师的主导下，借助网络学习平台进行自主学习已经是大势所趋。

（二）制定严格流程，提高管理队伍信息素养

制定严格的工作流程和提高管理队伍的信息素养是提高管理工作水平的基础。继续教育信息化建设的最大特点就是要照章办事，任何事情都要严格按照事先制定的流程与时间完成，这就要求管理人员按时完成环环相扣的每一项工作，如招生、分班、下达教学任务、排课、选课、考务、成绩录入等环节，每一步都有严格的时间限制，不能拖延。制定严格、详细的工作流程对规范教学工作、提高管理水平至关重要。此外，管理队伍的信息素养也直接关系到管理水平，各级管理人员需要具备与本岗位相适应的信息技术水平，不仅要熟练掌握计算机、互联网的使用，而且还要在系统使用中及时提出建设性意见，在系统完善中与软件开发人员进行良好的沟通。对于系统管理人员有更高的技术要求，既要掌握相应的软、硬件技术，又要具有大数据量、实时性强的教育信息系统的数据维护能力。

目前，继续教育领域的教务教学等管理工作环节非常繁杂，多数管理工作人员都是凭经验办事，随意性很强。继续教育管理工作既要求各司其职，更要求团队协作，工作中的每个环节都是由团队中的每个成员来完成，而环环相扣的工作要求团队加强合作，以保证整个信息化工作及系统的正常运行。信息化系统作为整合信息的一个平台，需要每个工作人员在线按时完成各自的工作，并及时实现信息的沟通与传递。信息化系统的建设是一项需要长期完善的工程，需要团队中每个人共同努力来完成。总而言之，继续教育信息化之路是教育改革的发展趋势，它是一个系统工程，既是一个技术问题，也是一个管理问题，伴随现代教育技术与现代教育管理理念的发展，必将为提高学院继续教育的质量提供更加强有力的保障。

（三）做好平台需求分析，制定合理发展规划

一个完整的继续教育办学平台通常应包括：一是继续教育门户网站；二是教务管理系统；三是教学管理系统；四是信息统计分析系统。这个平台所具有的功能，基本是继续教育学院工作人员常规性工作任务，即从学生录取信息导入到毕业信息导出到省学信网的一站式工作流程。继续教育网络助学平台的建设是高等教育和网络技术深度融合的产物，最好由熟悉成教工流程、懂现代教育技术的高校老师和网络技术公司人员一起来建设完成。高校采购面向继续教育的网络学习平台要注意以下方面：

（1）要注意不要盲目追逐"高、大、上"的公司。软件开发是一个特殊的领域，要有"高、大、上"的团队，才能开发出"高、大、上"的产品。由于用户和公司技术信息的不对称，造成用户看到了公司的牌子大，就认为其产品也就"高、大、上"，其实不然。各公司都有自己的独特立足产品，不是大的公司提供的网络学习平台就一定适合高校继续教育的使用需求，而且大的公司报价偏高、后续维护升级费用也偏高，高校要考虑自身对信息化建设的经费投入预算，继续教育信息化是分期逐步进行的，不可能一步到位，需要高校与网络公司长时间的沟通、磨合。

（2）要注意一些微网络公司。这些公司对网络学习系统或平台有些了解和研究，但自身技术上不具备这种大型网络教学平台的开发能力。在招投标的标书上能做得很内行，但是在鲜有现实成功产品案例的情况下，用户没有办法对公司这方面的技术能力进行真实的考察。选择这样的公司风险较大，即使继续教育学习平台能够建设成功，后续的维护升级也是一个问题。因为这样的公司随时都可能遇到技术人员流失、企业关闭等问题，将直接影响到高校继续教育信息化建设的发展与成败。

（四）因时制宜，用信息化创新继续教育模式

目前，高校继续教育"普教化"教学模式还比较普遍，根据高校继续教育

发展规律和实际办学需要，亟须从多个维度创新教学模式：在办学方面，树立以人为本的办学理念，有效解决工学矛盾，加强在线学习支持；在课程建设方面，普教化课程尽快向实用型课程转变，探索校企联合共建共享课程资源模式；在师资队伍建设方面，随着联合办学的深入，双师型、三师型的教师队伍建设机制需要进一步完善；在教学设计方面，由于面授、网络学习相结合的教学形式日益受到学员的欢迎，微型学习 MOOC、翻转课堂已经成为研究热点，传统的正式学习（学校主导）与非正式学习（学员自主学习）需要尽快融合；在教学评价方面，关于实施过程性评价，构建学习成果认证制度的研究需要进一步深入，以促进教学评价的方法多样化、主体多元化。随着信息化在高校继续教育教学模式改革过程中扮演越来越重要的角色，高校需要进一步加快促进信息技术与继续教育的双向深度融合。

（五）因地制宜，兼顾继续教育办学与社会效益

在高校进行继续教育信息化的过程中，人力、物力、财力投入都比较大。不仅要充分考虑信息化办学的经济效益，而且也要重视信息化带来的社会效益。对于高校继续教育而言，通过信息化建设，构建远程学习平台，开发更多优质的课程资源面向社会开放，把继续教育办到企业、社区、农村中去，办到社会需要的每一个角落。随着社会效益的提升，经济效益自然也会提升。由于每所高校的办学情况不同，所以继续教育信息化的建设模式也不尽相同，需要根据自身特点，区域经济社会发展和人们的文化生活需要开展建设，特别是数字化学习资源建设，一定要注重打造自身品牌特色。

（六）利用多渠道开展师资建设，提升信息素养

目前，继续教育领域师资的信息素养还需要提升，师资的信息素养直接关系到高校继续教育信息化建设的深层次推进。继续教育信息化先要以计算机的普及教育和计算机辅助教学为重点，着力于培养教师和学生应用计算机等信息技术的能力，提高教育的质量和效益。在实施信息化的过程中，要把师资培训作为重点，放在重要位置。同时要注意纠正重硬件、轻软件和轻人才培养的倾向。师资队伍培训是实施继续教育信息化工程的重中之重，教师愿意改变传统教学模式，积极参与平台在线教育是推动教育信息化的关键。因此，对学校教师、行政管理人员进行不同层次的现代教育技术培训，注重提高教师使用计算机的实际操作水平，培养教师自己设计制作课件的能力及网上操作能力是非常必要的。要及时开展对教师进行教育观念转变及心理疏导方面的培训，使他们真正认识到教育信息化对国家、学生、教师的积极意义，消除年龄偏大教师对计算机的畏惧心理，逐步适应成人高等教育"面授＋网络助学"的新型教学模式，逐步接受微博、微信、腾讯 QQ 等新媒体在教学过程中的应用。

第五章

新时期高校继续教育的在线平台建设

第一节　数字化学习环境下的
在线继续教育

一、数字化学习环境形成分析

我国互联网发展初期，上网采用窄带拨号56K或ISDN的方式，课件、直播课堂可以通过卫星播出；之后互联网的学习采用光盘结合个人计算机窄带网络的形式作为在线学习的载体；随后宽带的应用为在线教育带来了极大的便利，互联网在线教育平台为学员提供了良好的学习体验，学习不再只是单纯的学习课件，还可以在平台上进行交流，实现各种交互的社交活动。现在网络、Wi-Fi覆盖已基本满足广大学员随时随地上网的要求。越来越多的年轻人开始趋向于使用移动终端进行高清电影播放、远程会议、视频聊天、网上购物等操作。在线学习的载体正在趋向移动终端，未来人工智能技术也将在在线教育领域得到越来越深入的应用，虚拟人工智能教师的出现，将提供更加个性化的教学服务。互联网的发展为学习者提供了高清视频、课件内交互、混合学习等多种学习形式，而智能化时代的到来，又给在线教育学习带来了深远影响。

（一）云服务：智能学习支撑

云计算技术已在互联网时代得到广泛应用，构建云服务平台已经逐渐成为云计算技术的主要实现方式。云服务是基于互联网相关服务的增加、使用和交互模式，通过互联网来提供动态易扩展且经常是虚拟化的资源。云服务主要分为"基础设施即服务（IaaS）""平台即服务（PaaS）"及"软件即服务（SaaS）"三个层次，其部署形式有公有云、私有云及混合云服务三种。大部分的教学方随着服务器和带宽的维护成本日益递增，仅靠自身的技术团队无法维护远程教育系统，因而采取云服务方式，从而集中关注自己最擅长的教学组织、业务管理工作。

（二）人工智能：智能学习应用

目前国内已经开始探索人工智能在在线学习领域的应用。从在线学习载体的进化角度看，在线学习的未来是终端进一步泛化，从智能手表、智能眼镜等可穿戴设备的推广，再到智能机器人客服、智能机器人在线辅导老师的出现，智能化手段能很好地辅助学员学习。人工智能应用还能够结合大数据技术，分析出用户的行为习惯。在大数据时代，运用大数据运营监控系统能真正实现从平台、教师、学生、课件全方面、多维度的数据监控、统计，真正实现让数据开口说话，从而给学员提供个性化的学习服务。[①]

（三）大数据：智能学习分析

随着"互联网＋"行动计划、促进大数据发展行动纲要等有关政策密集出台，信息化已成为国家战略，教育信息化正迎来重大历史发展机遇。在当前"互联网＋"的环境下，大数据思维被越来越广泛而深入地应用到教育领域，用户通过大规模在线学习系统进行学习的各种学习数据及行为数据，会形成庞大的数据资源。针对这些数据进行有针对性的数据分析，一方面，可以促进管理者了解整个系统的关键指标体系（即 KPI：Key Performance Indicator）；另一方面，也可以针对学习者的学习习惯对学习者进行准确引导。

二、数字化学习模式下继续教育发展意义

（一）通过转变学习方式提高学习效率

数字化学习模式通过改变学习体验，将学习切换为一种可供随之选择的便捷模式，适应了发展的移动互联网。在互联网时代的大背景下，知识和信息的获取变得自然和便利，而终身学习型的社会体系打造结合这种便利性，使得继续教育在移动学习和数字化学习的道路上迅速发展。学习者制订学习计划并在数字化的学习平台上得到满足，这种学习计划是从学习者个体的自身需要出发，具有针对性和特殊性，所以，这种数字化的继续教育模式一得到学习者的使用就能够满足学习者个体的需求，这种学习效率是传统的学习模式所无法替代的。

（二）有利于终身学习型社会的建设

数字化学习模式顺应互联网经济的发展趋势，将引领继续教育的未来发展，终身学习型社会的打造更是离不开新型的教育模式，而继续教育的数字化学习模式满足了互联网时代的随时性和便捷性的网络特征。更满足了知识经济时代的深刻性和实用性的学习特征，将学习和网络进行有效整合，将教学贯穿到大众的日常生活中，不分年龄段、不分时间段，与传统的学历教育相互补

---

① 包华影．高校继续教育变革与发展[M]．北京：高等教育出版社，2019：115-116.

充，构建可供学习者学习的终身教育体系。

三、数字化学习推进继续教育发展的对策

第一，从各类继续教育中推进数字化学习。利用现代化信息技术来进行大众普及教育是最符合我国国情的高等教育发展模式，基于远程教育下的人才培养经验，能够完全应用到学历和非学历的继续教育工作中，从而覆盖整个继续教育领域。远程教育能够更快地适应社会发展，满足人们自主进行能力提升。继续教育培训成本更低，在确保了教学质量的同时，还能减少前期投入，扩大了教育覆盖面积。

第二，以数字化学习为基础创新人才培养模式。数字化学习方式能够改变传统的学习方式和学习习惯，帮助扩大继续教育工作的对象和教育规模。高校进行教学模式创新和教学内容创新工作，要以社会发展需求为基础，建立起多样化的网络教学课程，从而吸引更多的人能够参与到继续教育项目中，让社会群众能够根据自身工作需要和发展需求选择适合的学习方式。在教学当中要建立起继续教育的质量衡量标准，基于网络建立起考核评价方式，要增强考核的针对性和应用性，建立起学历教育和非学历继续教育的沟通机制。

第三，建设数字化继续教育资源和平台。继续教育在发展过程中整合了数字化学习和课程资源建设，创新了教育工作，资源建设需要根据企业发展需求和社会发展需求来设置。社会发展需求和行业需求能够让继续教育更加有针对性和适应性，满足社会职业岗位的发展需求。传统教育资源整合让优秀的传统教学资源得以传承发展。

数字化学习随着社会的不断发展，需求会越来越大，数字化学习也是继续教育工作开展的主要途径和手段，能够适应社会快速发展需求，满足人们的自主学习和远程学习需求，因此数字化学习对于继续教育发展来说影响非常大。

四、数字化学习模式下继续教育体系建设

（一）数字化学习网络平台建设

网络平台是数字化学习模式的基础，平台是指利用网络技术进行设计和开发的数字化学习资源的呈现载体，是数字化学习模式的最直观体现，数字化学习平台为数字化学习模式的推广和实际运用提供了持续不断的学习支持和服务。继续教育的数字化网络学习平台可以将信息发布、理论宣传、在线学习课程和学习展示等功能集于一体，这种学习平台的建立不仅突破了传统的学习方式，而且将受教育群体拓展到之前覆盖不到的范围，将各个高校或者全世界的顶级学习资源进行整合，最大限度地丰富学习内容，并将这些学习内容进行优化配置。

（二）数字化学习资源建设

学习资源的公平性是各区域教育公平的一大讨论热点，在起点和资源上的公平才能够促进教育的公平，而数字化的学习资源建设能够促进学习资源的公平。数字化的学习资源建设也是打造优势数字化学习的重要基础，数字化的学习资源要求在获取渠道上方便、快捷，在资源的学术性和前沿性上能够最大限度地与教育优质地区的教育资源相媲美。总体目标是要建立系统的数字化学习资源，通过各龙头教育机构带头开发，其他机构辅助开发的机制进行长期有效的良好开发。

高校继续教育的数字化学习资源可以有三种实现方式：一是自主开发。教育机构的科研和校本教材的研发能力是考验一个教育机构教育实力的重要指标，依靠教育机构本身的教育师资力量进行有针对性的优质特色教材开发，并通过网络平台和数字技术转换成可在网络学习平台上获取的优质数字化学习资源，这种自主研发的形式不仅可以加强教育机构本身的教研能力，也能够借助优质数字化学习资源的宣传和推广，帮助教育机构获得良好的社会关注度和教育形象。二是市场购买。通过市场行为获取在教育网络平台上的优质学习资源，包括名校、名企和特殊专业行业的案例PPT和课程。例如，在各MOOC学习平台上"常青藤"名校的优质公开课，国内顶尖学府的精品课都可以通过市场行为进行购买和获取。三是互惠共享。互惠共享的模式是响应共享经济的一种建立在双方各有所需的基础上的合作模式，将自身建设的优势课程共享出去与其他的互补性教育机构建立合作关系，获取合作教育机构的优势课程，这种合作模式既能够提高数字化学习资源的利用率，又能实现学习资源之间的自由转换和公平获取。

（三）继续教育学习平台管理

数字化学习平台的管理不仅包括对数字化学习资源的管理，还包括整个平台的运营、维护和发展，这些都需要专业的既懂得信息技术又懂管理的人才来实行。继续教育学习平台上的资源不仅包括学习资源还包括了人力资源、校企合作资源和信息资源等，要将这些信息进行合理的组织统筹，共同为学习平台的受教育者服务，实现学习平台的教育活动。数字化学习平台的管理对象包括不同的学习参与者、各教育机构、受教育者单位，甚至还可包括政府和企事业单位。继续教育面向的是社会大众，这对学习平台的管理提出了多元管理的要求。

（四）继续教育评价激励完善

数字化学习平台的打造区别于传统学习方式，尤其是学习过程，那么在学习评价和激励机制方面肯定也不能再采用之前传统评价方式，在激励机制方面也应该有所突破。学习评价是对整个学习模式的效果检验，是学习平台不断改进和完善的反馈渠道来源，学习者的用户体验和学习者的学习结果都通过评价来体现。数字化的学习模式在评价方式上要充分考虑到数字学习的特殊性，将数字学习的及时性和快捷性体现出来。在评价方式上要改变传统的结果评价，更多地注重学习过程评价和阶段性效果的评价，不再以学习结果论英雄。数字化的学习模式在评价方式上采用的是与之配套的学习成果认证制度，通过数字化的信息手段建立个人或团体的学习账户，将学习平台上的学习信息进行及时更新和存储。可以通过虚拟学分任务的形式进行学分管理，学分库可包括过程性的任务取得的学分，还包括阶段性的学习检验取得的学分。学分采取终身积累制，刷学分可以进行多种形式的再学习和高阶学习，将评价和激励相结合。在激励机制方面，要考虑继续教育受教育者的年龄和社会背景，充分调动受教育者的学习积极性。

第二节　后 MOOC 时代高校继续教育的发展

进入信息化时代，MOOC 作为一种大型的在线教育，为高校继续教育带来了新的思路。通过 MOOC 的作用和优势，可以进一步促进高校继续教育的发展。在传统的继续教育模式中，学生主要以面对面学习、课堂学习为路径。MOOC 平台的出现，创新了开展继续教育的路径。在 MOOC 平台，学生可以充分利用自己的碎片化时间，更自由、更合理地安排学习生活，让更多学生可以享有平等接受继续教育的权力。

MOOC 是一种大规模的公开在线教学方式。MOOC 的载体是互联网，在MOOC 平台上，涵盖的课程非常丰富，由世界上不同名校提供，学生可以通过 MOOC，接触到世界范围内的学习资源。关于 MOOC 的产生，体现的主要是"国际化"思维。随着高等教育的国际化发展趋势，开发大规模的线上教学平台，可以更好地实现资源整合，促进世界网络教育的发展。

MOOC 的特点主要包括：第一，MOOC 是一种教学平台，可以向学生提供系统化的课程，例如，预习、授课、复习、作业等；第二，MOOC 是一种开放式教育平台，突破了时间、地点、人数等客观因素的限制，通过网络进行传播，让更多学生可以享受世界范围内的学习资源；第三，MOOC 是一种大规模教育平台，这种大规模包含很多方面，例如，课程多、学习资源多、学习人数多，构建了一种良好的线上学习氛围；第四，MOOC 是一种创造性学习平台，虽然 MOOC 平台上提供了很多课程，但在学习初期，学生只能获得一些启发式学习资源。只有通过后期的讨论、思考、探究，学生才能进行下一步的深度学习，可以很好地调动学生的学习积极性。

基于 MOOC 自身优势，MOOC 深受教师、学生的喜爱。MOOC 的优势主要包括：第一，提供开放式免费课程。MOOC 的门槛比较低，只要学生想加入 MOOC，就可以通过注册，成为 MOOC 平台的参与者，全过程都是免费的。如果学生想获得相应的证书，只需要在考试时缴纳一定费用即可。第二，提供以学生为中心的课程。MOOC 平台上提供的课程，都是根据学生的学习需求而设计。学生在学习这些课程时，也可以按照自己的学习习惯进行，没有时间、地点等条条框框的限制，主张以学生的兴趣为导向，让学生成为学习的核心。第三，充分发挥信息化教学优势。在 MOOC 平台上，无论是教学设计、授课过程、资源整合等，都融入了信息化教学技术，例如，大数据的统计、汇总、跟踪技术。信息化教学的融入，优化了教学资源，激发了学生的学习兴趣，更符合新时期学生学习需求。第四，更好促进高校学术交流。在 MOOC 平台上，课程来自不同学校、不同教师。这在无形之中就搭建了一个学术交流平台，教师可以通过 MOOC 平台上的课程，了解更大范围内的学术动态，从中汲取能量，有效促进各个高校的学术交流。

一、后 MOOC 时代对高校继续教育的影响

(一) 创新继续教育路径

进入后 MOOC 时代，高校开展继续教育，有了新的路径。一方面，在高校继续教育中，教师可以通过 MOOC 整合资源、布置任务、组织教学，成为教师开展继续教育的一种创新路径；另一方面，在高校继续教育中，有些学生没有充足的时间进行课堂学习、面对面学习，这个时候学生就可以通过MOOC 平台在线上接受继续教育，它为更多学生提供了一种新的学习方式。在接受继续教育的过程中，每个学生的学习基础是不一样的，教师还可以通过"MOOC＋线下教学"的形式，指导学生查漏补缺，取得更大的进步。

(二) 转变继续教育方式

相比传统的教育方式，MOOC 带来了很多改变，从各个方面影响着高校继续教育的发展。第一，在高校继续教育中，传统的教育方式是课堂集中授课，教师开展的是大班教学，时间和地点都相对固定。学生参与继续教育时，需要配合学校统一安排的时间。有些学生会因为工作、生活等原因，很难坚持学完继续教育阶段的课程。而 MOOC 是线上授课，可以很好地避免这些问题，让学生自主安排学习时间。第二，在高校继续教育中，传统的教育方式还是以教师为主导，学生对教师的依赖性比较大，而 MOOC 强调的是学生的参与、学生的主体性。学生想要在 MOOC 平台上取得一定收获，就要转变学习理念、学习方式，培养自主学习能力。

（三）丰富继续教育资源

在后MOOC时代，学生可以接触到更丰富的学习资源。一方面，在高校继续教育中，学生的身份是多元化的，既是学生，也是职员，还是家庭成员，能够去学校接受系统化的继续教育的时间并不多。MOOC的出现，可以很好地弥补课时上的不足，带给学生丰富的学习资源，让学生巩固所学知识。另一方面，在高校继续教育中，MOOC的融入，可以整合更大范围内的学习资源，让学生开阔视野，汲取世界名校、世界名师的授课精华，不断丰富学生知识储备，提升学生综合素养。

（四）完善继续教育体系

通过MOOC与继续教育的融合，可以更好地完善我国高校继续教育体系。第一，在高校继续教育中，传统的教育理念、教育模式，都是围绕着线下教学展开。而MOOC的出现，让更多教师开始思考线上教育与线下教育的融合路径，无形之中推动了高校继续教育的改革。第二，在高校继续教育中，传统的继续教育更侧重结果，学生学习的目的也主要是为了获得证书、学历提升。而MOOC的融入，让教师和学生更加关注继续教育的过程。尤其是学生，通过MOOC学习，可以更好地提升学习能力，有利于进一步完善我国高校继续教育人才培养模式和教育体系。

二、后MOOC时代高校继续教育发展路径

（一）整合更多优质教育资源

在后MOOC时代，高校为了更好地开展继续教育，就要围绕MOOC等现代化信息教学方式，重新整合教育资源。一方面，在高校继续教育中，结合MOOC等现代化信息教育的特征，高校要设计符合线上教学需求的教学目标、教学内容、教学考核。在这个过程中，高校教师要不断提高信息化教学能力，整合优质教学资源，为学生提供具有"实用性、趣味性、创新性、数字化"的学习资源。另一方面，在高校继续教育中，基于MOOC的开放性、规模性，高校教师要善于整合更丰富的继续教育资源，将培训教育、学历教育、社区教育、职业教育等不同类型的教育资源有机地结合起来，构建一个丰富的继续教育资源库，更好地促进学生学习。

（二）全力提升高校核心竞争力

随着我国高校越来越多，在开设继续教育时，面临的竞争也越来越大。如何更好地提升高校核心竞争力，可以从两方面入手：第一，在高校继续教育中，MOOC的推行可以给学生带来全新的学习体验，吸引更多学生加入继续教育的队伍中，让学生降低心中的门槛，意识到可以通过自己的碎片化时间，来完成继续教育阶段的学习，给学生更多再学习、再深造的信心；第二，在高

校继续教育中，随着 MOOC 的推行，教师队伍开始深入学习、钻研新兴的线上教学模式，这对于高校教师而言是一次学习机会，有利于优化高校教师队伍建设，加强高校继续教育实力。总体而言，学生的信任以及强大的师资队伍，是高校发展继续教育的核心竞争力。

（三）努力立足国际化视野

未来高校发展继续教育，视野应更开阔。一方面，在高校继续教育中，传统的教育理念、教育模式等主要立足于本国国情。随着高等教育的国际化发展趋势，高校继续教育的建设与发展，除了要立足本国国情，还要参考世界教育理念，结合世界教育资源，让高校继续教育可以培养出更多具有国际视野的优质人才。一是以 MOOC 平台为纽带，整合世界名校教育资源，深化世界名师交流、合作；二是以 MOOC 平台为研究核心，探究高校继续教育课程体系、管理体系，构建现代化继续教育格局。另一方面，在高校继续教育中，参考 MOOC 平台课程体系，可以优化配置国内继续教育课程资源。对于继续教育资源不足的地区和学校，可以学习、引用其他地区的继续教育资源。在这个过程中，我国高校还可以研究、开发自己的共享教育平台，提升继续教育整体质量。[①]

三、后 MOOC 时代高校继续教育发展趋势

第一，设计"共享课程"体系。以 MOOC 为切入点，高校继续教育会朝着"共享课程"的方向不断发展。我国高校众多，每个高校的继续教育资源、优势都不同。通过整合这些高校的继续教育课程资源，可以重新设计一些"共享课程"，让不同地区的继续教育资源可以优势互补、强强联合，共同促进我国高校继续教育的建设与发展。

第二，侧重"学习能力"培养。进入后 MOOC 时代，高校继续教育的理念发生了很大改变。无论是教师，还是学生，都更加注重学习过程。例如，学生在 MOOC 平台上学习时，是否具有主动性、协作性、创新性等，这些可以很好地体现学生的学习能力，也可以很好地提升学生的学习能力。由此可见，在后 MOOC 时代，高校继续教育会更加关注学生学习能力的养成。

第三，创新"考核评估"体系。传统的继续教育考核，为进行统一时间、统一地点的考核，主要以学生的考试成绩为依据。有些学生由于自身工作原因、家庭原因，很难坚持学完继续教育阶段的课时，也很难顺利通过考核。在后 MOOC 时代，基于 MOOC 的开放性、共享性、自主性等特点，可以更好地

---

① 向彦．后 MOOC 时代高校继续教育的发展趋势探索［J］．科学咨询（科技·管理），2021，（7）：20-21.

优化考核体系。高校对继续教育的考核，可以分解到每一个具体时段，让学生有更多机会参与考核。与此同时，高校对继续教育的考核内容，也可以从单一的学习成绩，转变成"学习成绩＋实践能力＋创新精神"等多个维度，更全面地检测学生的学习成效。

随着社会发展，人们的生活水平不断提升，渴望接受继续教育的人群会越来越多。在这样的趋势下，创新高校继续教育路径，具有重要的现实意义。MOOC 的出现，不仅丰富了高校继续教育的资源，还拓宽了高校继续教育的路径，为我国新时期继续教育的发展，带来了全新的活力。未来，作为高校教育工作者，除了要认真思考 MOOC 与继续教育的融合路径，还要积极探究"继续教育＋"的多元化路径，努力为人们创造更规范、更优质的学习条件，让越来越多人因继续教育而独立，因继续教育而快乐。

第三节　高校继续教育的混合式教学探究

混合式教学是指综合运用不同的学习理论、不同的技术和手段以及不同的应用方式来实施教学的一种策略。教育目标可以分为两个维度，一个是"知识"维度；另一个是"认知过程"维度。知识维度主要要求教师来区分教什么，认知过程维度则要求教师明确促进学生掌握和应用知识的阶段历程。因此，教学应发挥学生的自主学习能力。随着网络教育的建设与发展，E-Learning（数字化或网络化学习）学习方式悄然兴起。混合式学习（Blending Learning）就是要把传统学习方式的优势和 E-Learning 的优势结合起来，混合式学习形式上是在线学习与面对面学习的混合，但其更深层次是包括了基于建构主义、行为主义、认知主义等多种教学理论的教学模式混合，教师主导活动和学生主体参与活动的混合，课堂教学与在线学习不同学习环境的混合，不同教学媒体和教学资源的混合，自主学习和协作学习不同学习方式的混合，课堂讲授和虚拟教室的混合等，其核心是强调教师通过启发、引导、评价起到教学主导作用，学生通过参与、交流、反思发挥学习主体作用，二者有机统一，充分发挥两者的自主性、创造性。

一、高校继续教育实施混合式教学的原因及意义

（一）"互联网＋"时代呼唤自由开放教学

继续教育如何与互联网进行融合创新，形成怎样的"教育新形态"，是继续教育工作者研究的重要课题之一。《国家中长期教育改革和发展规划纲要（2010—2020 年）》提出，应充分利用现代化管理手段加强对继续教育的管理，并采用远程教育手段开展继续教育活动，创建各类成人教育的优质资源共享机

制，实现各类成人优质资源共享，转变传统的教育教学模式，确立起开放的学习观念，掌握利用现代化手段继续学习的能力。这为高校继续教育教学模式改革指明了方向。继续教育传统课堂面授的教学模式已不适应时代发展的要求，线上与线下相结合的混合教学模式可以为学生提供自由开放的网络教学环境，学生可以随时随地自由选择学习内容。

（二）网络教学改革需要规模质量相协调办学

网络教育作为一种教育教学方式已经实行了多年。近年来，随着 MOOC 课程的理念与发展对原有的网络教育课程引发了较大冲击。传统冗长的课程录像已不适应网络教育改革的需要，为学生提供丰富生动的网络教学资源及保证网络教学的质量成为目前继续教育工作者的责任和使命。混合教学模式可以有效避免单一网络教学模式质量难以控制的弊端，通过传统课堂与网络课堂的结合，线上、线下关注学生的学习情况，以形成性评价的方式对学生学习状态形成一种约束。此外，线上、线下教学都要求师生进行有效的互动与交流，解决一些学习的重点难点问题。通过对这些学习过程的管理可以有效地保证教学质量，成为规模与质量协调发展的办学模式。

（三）继续教育学生特点决定自主平等学习方式

继续教育学生多为在职人员，学习目标明确。与普通高等教育相比较，成人自主性学习特征明显。成人学习是功利性为基础的、具有明确的自我导向意识、强调学习内容与个体自我经验相整合的学习。由于成人学习时间有限，知识结构层次偏低，而传统面授偏理论讲解，成人掌握全部学习内容比较困难。面授中统一的教学内容也不能满足不同层次成人学生的学习需求，导致成人学习具有局限性和不适应性。而在网络学习平台上，没有时空限制，可随时随地在线学习，可反复点播自己感兴趣的学习内容进行消化吸收。此外，网络学习平台还可以提供大量的教学资源，无论是理论讲解还是实践操作或是前沿动态，在平台上都可以源源不断地提供或更新。学习者如同进入教育超市，可自主平等地选取自己需要的资源。在课堂上想学而学不到或者想学而消化不了的知识都可通过网络点播或网络交流平台来弥补。这种混合式学习方式可以激发成人学习的兴趣，提高成人自主学习的能力，也更容易达到成人学习的目的。

综上所述，无论是单纯的网络教学方式或是面授教学方式均各有利弊。随着时代的发展，二者相结合的混合教学模式可以取长补短，有效地化解自身所存在的问题，弥补不足。通过网络教学平台可以提供多层次、多类型的教学资源，以满足学生按需选择学习内容的需求。还可提供精品课程等优质教学资源，以解决教学资源单一匮乏的局限。通过面授教学可以让师生面对面进行交流，密切师生关系，解决自主学习中的难点问题。这种混合教学模式更适应高等教育现代化建设需要，对实现继续教育跨越式发展具有重要意义。

二、高校继续教育实施混合式教学的路径与方法

（一）做好规划与协调，创新继续教育机制

实施继续教育混合教学模式改革实质上是人才培养模式改革的重要举措，在实施前应做好规划。目前有的高校有独立设置的网络教育学院（简称"网院"），且大多与继续教育学院合并。有的高校则仅有继续教育学院，没有网院。针对网院与继续教育学院合并的体制实施混合教学模式具有有利条件，但应处理好网络学历教育与成人学历教育的关系，理顺体制机制。需实行统一归口管理，即统一管理制度、统一人才培养方案、统一平台管理。混合式教学模式的实施需要传统面授教学与网络教学的融合，但此融合不是二者简单地叠加，需要从体制机制上加以规划与协调。没有独立设置网院的高校实施成人混合教学模式改革，则要重点加强信息化建设工作，一方面是网络教学资源的建设；另一方面是网络教学及教务管理平台的选择与建设。同时，也涉及管理规章制度的制订与修订，如人才培养方案的调整、合理分配面授与自主学习时间、教师实施网络教学工作量的认定及相应的监督与考核机制等。因此，实施混合教学模式改革，必然意味着要探索教学管理体制与学生管理机制的创新。

（二）改变继续教育观念，提高师资素质水平

在混合教学模式改革中，对教师的这些职能要求更高。因此，需不断提高高校继续教育教师的现代教学技术应用的能力与水平，更新其教育观念。教师先需明确教学目标，对原有教学内容重新整合设计，面授时有选择有针对性地讲解，通过面对面的交流加深学生对问题的理解。在混合教学模式实施过程中，教师角色的侧重点由"教"向"导"转变，教师既是校内课堂的讲解者，又是网络课堂的知识引导者、组织者。教师要掌握并熟练运用现代教育技术，精心进行教学设计，制作出高品质的网络课程资源，还要循循善诱，通过网上布置作业、组织讨论、进行测试等分解教学任务，答疑解惑，引导学生开展知识的探索与交流，激励学生充分利用网络开展自主学习。这对教师教学设计能力、运用先进技术的能力、交流互动的能力要求更高。高校应重视师资队伍信息素质的提升，组织开展教师教育信息化培训，引导教师参与数字化教学技能比赛，开展网络教育类专题研究，激发教师参与混合式教学模式改革的内在动力和潜能，提升高校继续教育教师的教学能力。

（三）开展课程模块设计，建设支持服务系统

高校继续教育实施混合教学模式，需要充分引导学生开展自主学习，教师需对原有的教学内容进行精心设计。在明确教学目标的前提下，可将原有的教学内容进行微课程的模块化设计，分结构、分层次进行知识模块编排。由浅入

深、由易到难地切合学生的认知过程，同时注重知识的连贯性和系统性。教师要做好课程网络教学导航，学生在学习的过程中可根据自身兴趣或需要选择性学习部分知识模块。由于教学主体自身思维活动的积极参与，可形成自己独立的知识结构，便于知识迁移。混合教学模式实施中学生对资源的需求量较大，个性化学习特征明显。知识是日新月异的，网络课程资源在网络教学平台上也需不断更新，教师不仅要维护课程相关的基本资源，还要大量提供拓展及延伸的资源。

模块化的教学内容设计一方面可以保持相对的稳定性；另一方面也便于对知识进行重组或更新。为了更好地提升学习效果，需建设全方位的学习支持服务系统。一方面要建设完善的网络学习平台及教务管理平台，提供丰富的资源及便捷到位的学习、管理方式；另一方面，教师、管理者均应做好学生学习的支持服务。教师不仅需要做知识的提供者，更重要的是做好学生自主学习的引导者。无论是线上还是线下，教师均应加强主动引导式学习支持，适时发布学习资源，定期辅导或测试，重视互动交流，及时回应学生问题并在后面的教学中予以调整。管理人员则应做好管理系统的维护与更新，适时督促教师及学生完成混合式教学过程，解决教学中的矛盾或问题，并对其学习效果组织评估。[①]

(四) 重视教学效果的评价与反馈

任何一种教学改革在实施后都应进行教学质量监控，评价与反馈教学效果，继续教育的混合教学模式改革也不例外。学习评价是质量监控的核心，应建立继续教育混合教学模式课程的建设标准及课程评价体系。评价内容包括教学内容、教学策略与资源、线上线下教学行为与效果、成绩评定与反馈、教学目标与学习成果、学习支持系统评定与教学研究等方面。无论是网络教学或面授教学过程中均应重视组织开展形成性评价，融评价于教学过程中。学习过程中作业完成情况、平时测试结果及合作学习情况均可纳入形成性评价中，并与课程终结性考核结合。此外，还要重视以学生为本的教育评价，要关注学生个体学习体验，注重对学生学习过程、学习效果和学习期待的评估。通过对学习内容的评价及自我学习体验、学习成果、教学满意度等多元评价方式，可以了解教师教学效果，同时可以挖掘学生隐性的学习效果。根据教学评价的结果，可反馈给相关的部门或个人，组织开展教学反思活动，完善教学组织过程，不断改进教与学，改进教学管理的方式，形成一个完整的教学质量监控闭环。

---

① 陈明，张伟建．"互联网＋"时代的成人教育混合教学模式改革[J].成人教育，2017，37（10）：76-79.

三、高校继续教育实施混合式教学需要注意的问题

（一）正确处理面授教学与网络教学关系

高校继续教育混合教学模式中传统面授教学与网络教学并行，要注意处理好二者的关系。二者不是截然分开的两种教学方式，要相互融合，相互渗透。面授教学主要是讲授知识的重点难点，给学生以面对面的启发与点拨，集中解决学生自主学习过程中的问题；某些实验、实训需要现场教学；对学生前期自主学习的成果进行评价。网络教学过程中学生一边自主学习教师提供的教学资源，在网上进行部分虚拟实验，同时与教师及同学进行网上互动交流，解决学习中的困难与问题，通过自我评价体系对学习效果进行评价。无论是面授教学还是网络教学过程中，均要重视师生互动交流及教学评价。因为师生是教学的共同体，只有互动交流才能密切师生关系，发现并及时解决学习过程中的问题。只有进行教学评价，才能对学习效果进行客观的评价，保证教学的质量。同时，在面授教学及网络教学过程中，均应适当拓展学习内容，拓宽学生视野，加深学习者对所学内容的理解与应用，满足学生实际工作的需要。通过处理好二者关系，真正实现面授教学与网络教学相结合、自主学习与协作学习相结合、虚拟实验与现场实训相结合。

（二）加强宣传与引导，注重师生交流

对于继续教育的学生而言，学习不仅是任务，更是达到自身不断完善、不断发展的过程。混合教学模式实施过程中需要学习者树立自主学习的价值理念及具有自我管理的能力。传统的教学模式中学生对教师依赖性较强，而在混合教学模式中，更需要发挥学习者的主观能动性，需要有较强的自学能力、对学习内容的探索精神及自我约束力。大多数成人在接受教育时目的性很强，仅将它作为提升自身学历层次的工具。也有许多学员想通过学习提升自身的专业知识技能，提升自身综合素质。在混合教学模式宣传引导过程中，要强调工具理性与价值理性的协同发展，要让学生明白学习不仅是为了一纸文凭，而是为了发挥自身潜能，让自身获得更好的发展。

高校继续教育在实施混合教学模式过程中，要注重密切师生联系，加强师生联结。师生本是教学共同体，不能因为空间距离阻隔师生之间的交流。除面授教学面对面交流外，更要注意网络教学平台中的师生互动、讨论、交流。网络平台中师生交流是扁平化的，可以一对多或多点之间交叉进行，只有交流了，才能碰撞出思维的火花，才能激发学生学习的热情，同时也益于教师的教学，起到教学相长的效果。

（三）重视团队建设，推动共建共享

高校继续教育混合教学模式改革是新生事物，需要师生共同探索完成。课

程建设是一项系统工程，是一个长期的过程，需要教学团队来共同完成。网络课程资源建设中需要任课教师、现代教学技术人员、拍摄人员等共同参与。课程模块设计、素材准备、视频录制、后期制作、网络平台互动等均需投入大量的时间和精力，光凭任课教师的一己之力难以完成。课程网络教学资源、教学系统平台建设等都是耗时费力的工作，需要大量的经费支持。因此，需要联系多部门，校企之间、高校之间联动建设、共建共享。课程教学团队应群策群力，做好课程教学模块整合及教学设计，参与课程资源建设，组织做好课程的教学、讨论、交流及评价。网络教学平台的建设可以与企业合作共同完成，高校提供人力资源、教学资源，企业提供经费保障、网络资源制作技术及后期运行。此外，在课程建设及教学改革过程中，还可与其他高校联动，共同探索混合教学模式改革的经验，共享相关教学成果。在共建过程中，要注意资源建设标准的统一，便于今后资源的共享与使用。此外，继续教育混合教学模式改革的成果应不仅仅用于学历教育，在非学历教育中也可以广泛共享使用。

四、翻转课堂理念下高校继续教育混合式教学

翻转课堂应用于继续教育的适切性主要表现在：首先，成人学生学习的目的性、基础差异性以及自身的自律性契合翻转课堂的教学理念。其次，继续教育具备开展翻转课堂的基础条件。继续教育现有的"集中面授＋网络助学"混合教学模式在形式上符合翻转课堂的要求，并且翻转课堂可以有效解决继续教育混合教学开展过程中所遇到的各种问题。最后，高校继续教育经过多年的网络化改革实践，已经积累了丰富的教学资源，这些资源通过重新加工改造即可用于教学实践，便于翻转课堂的实施。翻转课堂理念下继续教育混合教学变革，主要体现在以下方面：

（一）流程再造——线上线下教学深度融合

"学生自学＋定期面授"是继续教育教学开展的基本样态。网络化手段虽然在一定程度上改善了学生自学的散漫状态，但是仍然无法保证教学过程的有效发生。教学要重视过程，翻转课堂重构了传统的教学结构和教学流程，为继续教育在线教学和面授教学的有效整合提供了新视角。翻转课堂在继续教育中的应用模式可分为知识传递、知识内化和问题解决三个阶段。

（1）学生基于在线学习平台完成知识的传递和吸收过程。为了更好地引导学生自学，需要为学习者提供自学指导书，采用任务驱动式教学，让学生带着任务去学习，并及时收集其学习反馈结果。在学习过程中遇到问题可以通过课程论坛等工具向教师或其他学习者寻求帮助。

（2）翻转课堂教学模式中的面授教学环节不同于传统课堂教学，是以线上

教学为基础的深度教学，聚焦于解决学生在自学过程中遇到的共性和个性问题。在教学组织上可以采用合作学习、探究学习、案例分析、成果交流等教学策略，有效引导学生进行深度学习，侧重培养学生综合知识运用能力。

（3）经过前两个阶段的翻转学习之后，学生已经完成了对知识的内化和吸收。在问题解决阶段，教师应补充一些学科前沿知识和行业实践案例供学生交流学习，并引导学生积极分享其在工作实践过程中遇到的问题。拥有不同实践经验的学习者交流碰撞，有利于凝聚群体智慧，提高问题解决能力。

（二）资源重构——教学内容与学习活动一体化设计

学习资源是网络教学开展的基础和前提。继续教育经过多年的网络化改革，实现了教学内容的数字化呈现，满足了教师"教"的需求，而学生"学"的需求没有得到充分尊重。在翻转课堂理念下，高校继续教育应该转变教育资源等同于教学内容载体的观念，注重学习内容与学习活动的整合设计，实现学习资源对学生学习过程的有效引导，具体而言，应做好以下三个方面：

（1）重视学习资源的微型化设计。在线课程教学内容应在完整知识体系下考虑泛在学习的特点，加强学习资源的微型化设计，满足学生随时随地学习的需求：首先，以课程教学大纲为基础，按照学科知识的逻辑结构，完成知识点的切分和提取；其次，以知识点为基本组织单位设计教学内容（讲解视频、课件、讲稿等）、教学活动和教学评价（作业题或讨论题等）；最后，以知识点为索引，串联起各类学习资源，提升学生自主学习的效率和效果。

（2）重视学习资源的交互性设计。在翻转课堂中，学习资源不仅仅等同于学习内容，而是融合了"导"（内容）、"学"（活动）、"练"（问题）、"评"（评价）等关键学习流程元素的综合体，具有支持教与学相互作用的能力或特性。以此为指导，需加强继续教育学习资源的交互式设计，通过在资源中插入测试题、视频、图书、超链接等"断点"，实现学习强化、学习监控、师生交互以及督学、导学与学习过程的有效整合，保障学习活动顺利开展，有效弥补成人学生教学"准分离"状态。

（3）重视自学指导书设计。翻转课堂的"知识传递"阶段，学习者是围绕学习指南开展自主学习的，学习指南的合理性、清晰度、有效性直接影响着学生自主学习的效果，因此学习指南设计至关重要。在继续教育领域，自学指导书是与学习指南相一致的概念。传统继续教育自学指导书是以"学习内容"为核心，围绕学习目标要求、教学内容重难点、学习方法介绍等方面进行编写，这种设计方式脱离了具体的学习过程，对学习者的帮助不大。我们应当借助翻转课堂中学习指南的设计理念，以支持学习活动有效开展为目标设计自学指导书，并提供相应的学习工具和支持服务，有效引导学生参与教师预设的学习活动，完成学习任务。继续教育自学指导书应该包括指导语、任务说明、评价量规、学习资源及学习工具支持等内容。

（三）师资建设——体现角色转换与职能重构

翻转课堂重构了教师的角色，原有传统教师的单一角色与职能已不能满足翻转课堂理念下的混合式教学开展需求。为保障混合学习质量，需在保留继续教育传统面授教学优势基础之上，从线上教学、面授教学、资源建设、支持服务等多个方面重构教师角色，建立由主讲教师、辅导教师、教学管理教师、专业管理教师、实践指导教师等构成的多角色师资队伍。各种角色的教师分工明确、互为依托，为学生提供全程服务。为了促进继续教育教师角色转变和职能重构，可以采取以下措施：

（1）健全管理制度，明确管理要求。加强混合式教学模式顶层设计改革，在混合式教学模式实施、教师在线教学工作量考核认定、网络课程建设相关待遇落实等方面出台相应的管理制度，明确管理要求，建立教师激励机制，提高教师参与混合式教学改革的积极性。

（2）加强教师培训，提高职业技能。为保障混合式教学的顺利实施，需要从教育理念更新、在线教学实施和实践教学开展三方面入手，构建从理论到实践的教师培训体系。首先，学校教师发展中心应该定期组织教学理念培训，转变传统教育教学理念，明确"互联网＋"背景下新技术、新理念对教育教学改革的推动作用；其次，加强在线教学设计与实施、教学平台管理与使用方面的培训，有效引导教师开展在线教学；最后，针对继续教育应用型人才培养目标的要求，适当从企业、行业、社会组织聘请"跨界"教师，建立专兼职结合、校内外融通的继续教育师资共同体，通过开展集体备课、校本研修等活动带动专职教师的实践教学能力提升。

（3）加大教学研究，引领教学发展。重视教学研究对继续教育改革发展的引领作用，鼓励任课教师、管理人员围绕课程资源建设、教学平台应用、教学活动设计等方面开展教学研究，以研究成果反哺混合式教学改革。

（四）支持服务——学术性支持与管理性支持并举

在翻转课堂模式的学习中，学习支持服务是指教学院校、主讲教师及辅导教师等为学生提供的以师生或学生之间的课堂人际面授和课外基于技术媒体的双向通信交流为主的各种信息的、资源的、人员的和设施的支助服务的总和，其目的是指导、帮助和促进学生的自主学习和协作学习，提高翻转课堂模式下的学习质量和学习效果。为保证继续教育翻转课堂混合教学模式的顺利实施，需建立起横向覆盖线上、线下两个环节，纵向贯通学前、学中、学后整个学习过程的学习支持服务体系。重点加强学术性和管理性支持服务的建设。

（1）通过教师队伍建设与平台功能完善加强学术性支持建设。从线上、线下两个角度建立起主讲教师和辅导教师共同参与的服务机制，明确线上线下学习支持服务的内容，提供学习测评、学习辅导、及时答疑等个性化学习支持服务。加强学习平台督学导学和数据分析模块建设，利用大数据、学习分析技术，追踪、量化学习者的个人学习过程，实现对学生学习进度、学习质量、作业完成情况、考试情况、论坛发帖情况的实时监控，进而为学生提供精准的学习支持服务。

（2）通过职能重构与管理创新加强管理性支持建设。顺应混合式改革要求，重构传统继续教育管理职能，从管理向服务转变。调整科室结构，加大资源和平台建设力度，从招生、学籍、教学、成绩、资源和平台等多个方面建立起覆盖教学全过程的管理服务体系。推动管理模式创新，加强标准化服务流程建设，将学习支持服务内容列入管理人员绩效考核范围。

（五）平台建设——满足教师、学生、管理的需求

翻转课堂的实现依赖于两个环境：一是学生面授课堂的物理环境；二是在线学习平台环境。成人学生长期以在线自主学习为主，学习平台的设计尤为重要。以平台用户角色为构建维度，在线学习平台建设需要注意以下方面：

（1）学习者维度。从学习者的维度出发，学习平台应该是一个功能完备的学习管理系统。首先，学生能控制学习进程，围绕自学指导书，选择和组织学习资源、学习工具、学习支架和各类支持服务参与学习活动；其次，支持学生完成在线测试及学习效果反馈，帮助其形成学习闭环；最后，平台要具备互助交流功能。提供群组、论坛、百科等交流工具，支持学习者之间、学习者与教师之间围绕学习内容开展深度交流。

（2）教师维度。从教师维度出发，学习平台应该具备教学设计、教学反馈和在线辅导功能。首先，平台应为教师提供课程建设工具，方便实现课程单元化设计。在设计过程中教师可根据需要调用课程资源、学习工具、讨论区等课程模块开展学习活动设计。其次，教师要及时获取学生的学习反馈结果，能够对学习结果进行数据分析和处理，支持面授课堂的开展。最后，应提供答疑系统，方便课程辅导教师开展同步或异步教学交互和答疑解惑。

（3）管理者维度。从管理者维度出发，平台应为管理者提供教学管理支持、监控督导支持和决策分析及支持。首先，教学管理支持。平台应能实现招生、教学、教务、学籍、学务、考务、论文、毕业、学位等业务管理，帮助继续教育由传统管理向信息化管理转型。其次，监控督导支持。平台能实现对网络课程运行情况、学生在线学习行为及学习过程、教师在线教学情况的监控，并提供必要的督学导学手段，方便管理者及时开展教学干预。最后，决策分析及支持。利用数据挖掘和学习分析技术，对教学过程中所产生的数据进行多维统计分析，帮助管理者进行教学管理评估和发展趋势预测。

第四节　网络媒体平台下的高校继续教育

一、网络媒体平台下高校继续教育的特点

（一）网络媒体技术普及

与传统教育模式相比较，基于网络媒体平台的教育与计算机等直接相关的媒体技术迅速普及密切关联。高校继续教育建立于网络媒体平台之上，并以网络媒体平台为载体和环境，可以更好地加强自身变革，适应新的技术从而促进继续教育优化创新。信息化学习和移动学习的价值巨大，网络媒体平台下高校继续教育要与时代技术发展同步。

（二）高度共享特征显现

在网络媒体平台支持之下，高校继续教育所能容纳的信息量更大。这样，学生既可享有教材的常规知识点，也可有机会得到更加丰富的优质学习资源。同其他平台相比较，网络媒体平台的高度共享特征更加明显。它将因为资源的丰富性而极大简化学习及讨论难度，更加有益于学习者彼此交流互动，取得较好的互助性学习效果。

（三）实时做出信息反馈

在网络媒体平台支持之下，教学者与学习者可能会在不同时间、不同地点完成教与学的活动。二者相互连接的载体正是这一新平台，教师把知识上传至网络，学生依靠网络进行学习。因此，除一般性的平台双向传递技术充分应用之外，在继续教育教学时，教师可依靠沟通技术，让信息实时反馈，比如可要求学生借助电子邮件等形式进行问题的即时反馈，这将为提升学习效率增加一种可能性。

二、网络媒体平台下高校继续教育的创新发展

（一）推进资源与平台相适应

基于网络媒体平台的高校继续教育，因网络媒体技术的普及、高度共享而受益，高校利用微课、视频平台等可以给学习者提供大量的优质资源，同时也需要保障这些资源与平台相适应。高校继续教育的实施主体，需要注意资源与平台相适应的问题，从而让各个环节的工作顺利进行。

第一，高校需要让网络媒体平台所具有的学习资源优势（内容优势、功能优势）被充分利用，使教育主体知识宽度得到拓展。换言之，人和人之间有着便利的信息交流与共享机会，则高校继续教育资源共享的可能性更高。例如，知网平台、百度文库等大型数据库，都将成为教育者与学习者资源取得的渠道与路径。只有这样，才会使教育效果与学习效果的优化成为可能。

第二，为使学习者的创新能力得到发展，可以考虑构建基于网络媒体平台的多元化学习社区，以便加强学习者对于新知识与旧知识的交融学习效果，促进其思考问题、处理问题能力的发展，真正让原本存在的思维局限性得到破解。其中比较典型的做法，从信息技术手段应用视角出发，构建与学习需求相统一的分学科、分专业网络学习社区，从而改善学习者理论学习与实践操作环境，为其能力的发展提供帮助。

第三，高校继续教育机构与实施者，应当让线下现场教学和线上网络教学相统一，这将是资源与平台相适应的必要做法。为了解决学习者的学习惰性问题，高校可以借助一些继续教育的先进经验，例如，使继续教育机构进行网络教学模式的调整，增加学习者专业知识学习与理性思辨能力发展的机会，而现场教学和网络教学的结合无疑是良好途径，它会给学习者提供更加广泛的学习内容、更加丰富的学习资源，让学习者既能有自由的发挥空间，又能受到一定的环境制约，从而真正让网络媒体平台所具有的学习资源优势发挥出来。

具体到资源内容与课程开发相关联的阶段，高校需要注意：①网络媒体平台课程界面要有统一的风格，无论是文字大小，还是工具栏、登录栏的形式都尽量统一，以便尽最大可能为使用者提供方便；②确保平台应用技术的稳定，在各个教育教学环节都能得到有关技术服务，尽量做到零技术失误、零教学事故；③网络媒体平台及其支持下的课程技术体系要处在安全环境，保证资源的每一次传递都能及时、准确。

（二）促进网络学习方式创新

传统教学观念之中，教师是课堂当仁不让的核心所在，教师采取单向传递知识的策略，给学生提供知识内容与方法指导。然而在网络媒体平台视域下，这种做法的不足非常明显。教师无法高度融合于学习者活动是显而易见的事实，普遍的学习者自主网络课程学习活动，削弱了教师的存在感。另外，由于网络媒体平台在环境上的新变化，教育者和学习者存在相互分离的较大可能性，学习者不容易把自身顺利融入环境之中，学科知识越复杂、专业研究越深入，这一问题体现得越明显。因此，主动探索出一套与网络媒体平台相适应的、不再单一化的学习方式极有必要。

同其他类型的学习方式相比较，继续教育更加关注自我发展，是一种功利性导向更加明显的教育形式，因此在引入网络媒体平台后，要格外关注学习内容及自我认同之间的整合及统一。具体而言，以在职人员为主体的继续教育学习者群体往往存在比较明显的工作和学习冲突，在网络媒体平台视域之下，冲突具有化解的可能性，可以比较充分地显现出学习者的自主性，并让教育者教学引领功能进一步发挥出来。特别是当考虑到线上教学与线下教学相结合的策略时，平台载体更加具有持续创新教学改革的可能性。这种可能性加大了对于传统教学模式的影响，使教师不再成为唯一的教学核心，学生自主性会有更多的发挥机会。此时，不但原本存在的教学结构与学习方式将得到调整，产生更为理想的教学效果，而且可以利用信息技术整合策略，构建更为使用者所注意的良好教学环境。①

高校在继续教育方面，应当具有网络媒体平台应用创新发展的能力，在学习方式的创新方面还要有混合式教学模式潜能利用的意识。例如，担负课件制作任务的人员要制作专门的优质课件，并以主动的姿态做好网络媒体平台框架内的课件资源对应上传。而具体的成人继续教育指导者，则应当肩负指导学生在网络平台顺利学习的责任，并随时监控学习进度，针对学习问题给予汇总、分析。当处在课堂面授环节时，教学活动是否生动、是否有趣，是教师应当思考的问题。只有做好这一点，才能符合特殊的网络环境，并依靠网络优势，实时评价学生的表现，检查学习的效果。总而言之，高校要利用上述多方配合，多种方式的介入，真正让线上教学同线下教学相协调，让学习资源共享程度得到强化，全面提升网络平台环境下的学习主动性，为最终的教学效果改善服务。

（三）构建教育多元评价体系

教学评价体系的完善至为关键，这一点无论是在一般教学平台上，还是在网络媒体平台上均如此。一些高校在进行继续教育评价体系构建时，只对学习者作业完成程度给予关注，这是一种比较机械式的评价策略，缺少与网络媒体平台特点与优势相适应的能够全程监督与评价学习者整个学习过程的内容。因此，教育者往往不能真实了解学习者实际学习状况，学习者也不容易在网络媒体环境下开展自我评价。另外，一些高校继续教育课程本身也存在评价方法宽泛、评价指标简单的问题，这些都将制约高校继续教育课程质量的改善。

网络媒体平台下高校继续教育需要做出评价模式变革。一方面需要尽量保证评价内容的全面性。可利用网络模式对在线学习时间长短进行观察，从而初步了解学习者学习状态；可在后台监控模式的支持下，分析学习者交流情况、作业完成情况等；可使学习者各项学习细节均被纳入评价体系中来。另一方面，高校继续教育工作者需要关注网络媒体平台所具有的技术特点，在后台进行学生上课情况、作业情况的系统分析，从而有效优化评价策略，拓展评价路径，确保评价方式走多元化发展之路，力争实现线上评价和线下评价的有机融合。这种做法将同时关注对学习者的结果评价和过程评价。尤其在对学习者课程学习情况给予综合评价后，要做好相应突出问题的针对性分析，从特定的角度做出教学反思，以便接下来的教学模式与教学策略调整，合理剔除不合时宜

---

① 李娜. 基于网络媒体平台的高校成人继续教育创新发展[J].中国成人教育，2020，(21)：74-76.

的劣质教学课件、落后教学内容。

在多元评价体系构建过程中，还需要注意评价不能只针对学习者，也要覆盖教育者，也就是在评价体系中插入分量足够的评教体系，从而合理分析教师授课方法、教学水平以及课程设置等多个方面的表现效果，用评价促进教师教学水平的进步。

在针对教、学两个维度的评价体系构建完成之后，高校继续教育机构还要在网络媒体平台上，提供与之相配合的合理化反思与反馈机制。该机制的介入，既能使传统成绩总结形式得到保留，又能使总结更具有全面性。信息技术应用效果受益于网络环境的多项优势，例如，可利用后台技术系统分析成人继续教育学生对于课程的满意程度、专业知识理解程度等，在大数据的完整统计分析之后，以教师为主体进行全面反思，据此调整课件内容，优化教学效果，最终为满足学习者需求贡献力量。

高校继续教育多元评价体系构建，可以借助大数据技术形成专门的网络课程质量监控体系，这样可以让高校教学管理部门、教师、学生基本情况得到有效监控，无缝对接管、教、学几个方面，突出教学质量在信息技术面前的合理性与合规性，主动适应新平台的发展情况。总而言之，网络媒体平台视角下的高等院校成人继续教育，需要随着时代的进步进行创新发展，从而真正提升教育与学习的有效性。

第六章

新时期高校继续教育教学质量管理体系的研究

第一节　高校继续教育全面质量管理的重要性分析

　　质量的定义在生产力发展的不同阶段有不同的表述。随着时代的发展，人们对质量概念的认识逐渐清晰，并经历了符合性、适用性和综合性三个阶段。在国际标准化组织（ISO）标准中，质量被定义为"满足在何种水准上的一组固有特性"。质量观即对质量的认识。继续教育质量的高低不仅关系继续教育的发展，而且关系指导和协调继续教育的发展。继续教育理念的确立应立足发展，要有利于继续教育的发展，促进国家经济、政治、文化和社会发展，满足人民群众的教育需求，应该强调全面的质量观，而不是单一的质量观。

　　全面质量观是以继续教育整体水平为核心，全面、多方位地评价继续教育质量的一种理念，它从多个方面对教育质量进行评价：第一，目标。教育目标的合理性、培养目标与教育水平的一致性。第二，教育过程。包括课程、教学体系、教学质量、师资构成、行政人员素养和管理水平。第三，教育制度。先进科学的教育体制、继续教育体制和管理机制是行之有效的，符合教育发展规律。第四，教育设施。教学设备、住宿等设施齐全。第五，教育产品的质量。学生在知识更新、技能发展、方法创新、自我修养等方面所达到的水平，以及大学所培养的人才在经济和社会生活中的作用。

　　质量保障最初是指制造商或生产商提供给用户的产品和服务不断满足用户的需求，达到预期目标的进程，它要求从头到尾做一件事来防止缺陷。扩大到教育部门，质量保障是指特定院校按照某些政策、标准、程序等对教育质量进行监督和评估，包括课程、教师、教学等方面，目的是保持和不断提高教育质量。质量保障体系是指影响质量的基本要素之间的相互联系和相互作用，构成一个有机的整体，包括外部质量保障体系和内部质量保障体系。继续教育质量保障体系是指在继续教育理念指导下，通过相互作用，形成一个有机结合、稳定有效、能够保证和提高质量的整体。借助对继续教育质量的影响因素，以提高教育质量。继续教育全面质量管理的重要性，主要体现在以下方面。

一、继续教育大众化的需求

随着经济的快速发展，我国的高等教育已经进入了高等教育大众化阶段。继续教育作为高等教育的一个领域，自然而然地进入了大众化发展阶段。继续教育大众化阶段不仅是数量的扩大，而且是质的变化，包括：继续教育质量观念的转变、教育功能的扩大、培养目标和培养模式的多样化、招生条件的多样化、教学计划的制订和教学模式的多样化，以及教育的管理方式，大学和社会关系的变化，等等。

随着继续教育的普及和推广，继续教育的质量也成为继续教育的一个重要研究课题。由于继续教育的普及，继续教育对社会的影响远超过精英教育对社会的影响。继续教育质量问题已成为各国继续教育改革和研究的热点问题，也是全社会关注的热点问题。继续教育大众化趋势使人们对继续教育和继续教育质量的关注比以往任何时候都更加强烈。继续教育为国家的科技、经济和社会发展提供了重要的先进人力资源，其质量的高低将对国家的发展和国家的综合竞争力产生重要影响。因此，在这种情况下，为了保证继续教育人才培养的质量，高校、企业、政府和社会越来越重视教育质量管理。[①]

二、市场经济发展的需要

继续教育质量管理模式随着不同的社会经济条件而发生变化。在社会主义市场经济条件下，我国的继续教育制度发生了重大变化。高校已经开始面向社会、面向市场，高校的影响力不断增强，政府、社会和高校已成为继续教育质量保障的三大力量。继续教育不仅要培养人才，而且要培养适应市场经济建设需要的人才，既要提供高质量的科技成果，又要具备将科技成果转化为现实生产力的能力，同时，还要提供社会咨询、校企合作等多种服务。通过对继续教育质量管理的不断研究和实践，建立社会和市场调节、政府宏观调控、高校自主管理的继续教育质量保障体系有利于继续教育在普及过程中适应市场经济发展的需要。

三、继续教育自身可持续发展的需要

在继续教育的发展中，各国都十分重视和研究质量管理理论，保证教育质量，重视建立和完善教育质量保证体系。借鉴各国继续教育质量管理与控制的

---

① 陈攀峰.新时代高校继续教育创新研究[M].长春：吉林人民出版社，2019：125-127.

先进理论、经验和方法有利于我国继续教育质量管理体系的建立，也有利于我国继续教育在普及过程中的健康、可持续发展。特别是在我国继续教育面临普及化、市场经济转型和国际化的挑战和机遇背景下，继续教育质量管理的研究与继续教育的健康持续发展密切相关。

此外，质量是继续教育发展的基础和生命线。改善继续教育的发展不仅取决于自身的内部制度，还取决于不断变化的国际和国内环境。因此，继续教育质量管理保障体系的建立应与继续教育的内外部环境相协调。只有这样，继续教育才能走上一条健康、可持续的道路。

四、继续教育国际化的需要

在经济全球化的影响下，继续教育不可避免地受到国际化的影响。跨国教育认证、跨国教育投资和跨国教育服务层出不穷，高校继续教育面临国际合作与竞争，而一些高校的继续教育还不能快速适应国际化的要求。面对高等教育国际化的挑战，继续教育质量保障和认证体系与国际社会的联系是继续教育质量管理研究的一个新课题。因此，借鉴国际质量标准和指标的成功经验，建立国际标准的质量管理保障体系，是提高我国继续教育质量和水平的必由之路。

第二节　高校继续教育全面质量管理的要点与因素

发展继续教育是我国社会主义现代化建设的客观要求，也是加快高等教育大众化进程的重要举措。质量控制是当前制约继续教育发展的瓶颈，是影响继续教育质量和毕业生就业竞争力的重要原因。它往往还是一个压缩版的本科教育，质量标准不准确。任何质量控制都离不开质量标准。如果没有科学、具体的质量标准作为控制的基础，质量控制就无从谈起。在长期的实践中，教育质量的控制始终是在实践和学科中进行的。继续教育要与普通全日制高等教育相适应，背离继续教育的特点、教学方法和需要，追求所谓的高质量，实际上就是全日制教育的复制。

继续教育质量标准不应简单照搬普通教育标准或片面强调成年人的特点，而应是适应性与发展性的统一。教育的适应性是教育质量的本质。这里的适应性意味着教育必须满足不同人群和不同行业的需求，包括外部适应性和内部适应性。外部适应性是指教育要适应国家和社会的需要；内部适应性是指教育要适应教育规律，教育质量要适应教育的内在需要。不同学校可以满足不同学生和家长的需要，也可以满足不同行业的需要。与此同时，教育还必须遵守有关受教育者身心发展的规律，为教育工作者提供各种教育内容、教育模式和教育水平。

开展继续教育，以满足在职人员的学习需要，这就是质量。坚持可持续发展的理念，就是把教育快速成功的发展理念转化为可持续发展的教育理念。它不仅要求教育满足人们的基本生活能力，如职业选择和工作，而且要求教育提高人们的素质，改善人们的新生活，适应、促进生产力发展和社会生活等方面的文明进步。同时，教育应该使教育工作者能够最大限度地发挥他们的价值。通过发展继续教育，保证社会主义现代化建设对高素质劳动者和专门人才的需求，实现可持续发展战略。

一、高校继续教育全面质量管理的要点

全面质量管理最先见于美国通用电气公司质量经理费根堡姆在 1961 年发表的《全面质量管理》一书，书中提到"全面质量管理是为了能够在最经济的水平上并考虑到充分满足用户需求的条件下进行市场研究、设计、生产和服务，把企业各部门的研制质量、维持质量和提高质量的活动构成一体的有效体系。"费根堡姆提出的质量体系指出，质量管理的主要任务是建立质量管理体系。这是一个新的见解，具有划时代的意义。费根堡姆的思想在国际上得到了广泛传播，并在各国的实践中得到丰富和发展。1994 年版的 ISO9000 标准中，全面质量管理的定义是：一个组织以质量为中心，以全员参与为基础，指导和控制组织各方面的相互协调的活动，目的在于通过让顾客满意和本组织所有成员及社会受益而达到长期成功的管理途径。

全面质量管理已广泛应用于全世界各行各业，全面质量管理的思想也被引入教育和培训行业。第一，以人为本。倡导"从始至终教育"的理念，强调素质教育的作用。为了不断提高人的素质，所有员工都必须掌握和执行公司的质量方针和目标，提高每个员工的工作质量，以确保产品质量。第二，系统管理。从总体定位和总体质量出发，全面研究质量相关活动，系统分析、综合管理相关活动，实现整体优化，以最少投入生产出满足用户需求的产品，取得最佳的经济效益。第三，质量与效益相统一。反对重数量、忽视质量，反对无成本的过度质量。其实质是质量与经济投入的优化组合，以最少的投入获得最优质的产品。第四，质量经营。在企业的一切生产经营活动中，都必须强调质量，质量是关键。

全面质量管理的基本要求包括：第一，全过程的质量管理。质量形成过程有许多相互关联的环节，每一环节或多或少地会影响产品或服务的质量。为了获得满意的产品，质量管理不仅仅局限于产品的制造过程，而是扩展到所有方面。建立系统的质量管理体系，全面管理影响质量的各个方面和要素。第二，全员参与的质量管理。产品或服务的质量反映了各个阶段工作的质量。企业每

个环节的质量、每个人的工作质量都会影响到产品或服务的质量。

二、高校继续教育全面质量管理的因素

根据全面质量管理理论，质量管理是以全体员工的参与为基础，组织和协调多方关系，实现顾客满意、员工满意和社会效益。在高校继续教育教学中，影响教学质量的因素是多方面的，所以全面质量管理的内容也是多方面的。

（一）继续教育全面质量管理的内在因素

1. 高校继续教育之人

在高校继续教育教学中，参与者包括组织领导、教师、受训人员、培训单位组织者、合作单位等。

（1）组织领导是办学单位的领路人。组织领导，即学校领导和决策者，包括学校领导、学院领导和中等教育中心主任。领导者是组织的核心，决定着组织发展的使命、愿景和价值观，对组织文化的形成和发展起着决定性作用，对继续教育的质量起着领导和指导作用。组织领导的人格魅力是组织素质形成的关键。

（2）员工是继续教育质量管理的执行人。员工，即学校的执行人，包括项目主管、项目负责人、班主任等。员工是组织的执行人，参与项目规划、组织和运行的各个方面，并贯穿项目的过程管理；员工的细心细致工作直接影响到继续教育项目的质量，对继续教育的质量起着至关重要的作用。

（3）学员的成就和声望是继续教育质量的重要体现。高校继续教育的根本任务是培养人才，继续教育的质量要求优秀的人才来发展和继承。学生的成就和声望就是继续教育质量的"活广告"。培训对象，即继续教育的培训对象，包括党政管理干部、企业管理人员、专业技术人员和其他社会人员。教育产品与工业产品最大的区别在于教育产品质量或价值的实现，这不仅取决于教育产品的内在因素，在很大程度上取决于教育者自身的因素。因此，学生自身的知识水平、素质和态度直接影响着继续教育的质量。

（4）教师是继续教育质量的主要承担者。教师，即继续教育项目的教师，包括专家学者，也可以是具有一定理论水平的政府官员和经验丰富的企业管理者。教师的文化素质决定着教师的教学水平，教师的教学水平是决定继续教育水平的内在因素，对继续教育的质量起着决定性作用。

（5）参与单位的组织者是继续教育质量的促进者。参与单位的组织者，即委托单位，一般指介于办学单位与学生之间的组织部门、人事部门、企业人力资源部门等，是办学单位与学生之间沟通的桥梁，能够提高对办学单位的需求，是学生能够提出要求的一个信息节点，它提升了继续教育的质量。

（6）合作单位是继续教育质量管理的延伸。合作单位是独立于办学单位的

外部组织，在办学过程中发挥着支撑作用，它可以直接参与项目，如招生推广，也可以提供辅助，如第三方教学实习基地。一个组织的发展总是受到自身力量的限制。为了寻求突破，引进社会力量或与同类机构合作是一种很好的方式。这就要求高校要处理好对外合作关系，如何选择合作伙伴，以及选择怎样的合作模式，都需要建立一个规范的制度来保障。

2. 高校继续教育之物

人们在质量管理中的创造性和主观能动性是质量管理的根本保证。而事物，从哲学的角度来看是客观存在的，是质量管理的基础和载体。高校继续教育之物一般包括：教材、宣传册、质量手册、学生手册、员工手册、硬件设施、校园环境、财务等方面。

（1）教材是继续教育质量管理的物质基础。学习过程不仅是教师在课堂上的讲课过程，也包括课后的复习。上课时间是有限的，教师只能在授课时谈论重点和要点，最初的准备和理解是非常重要的。由此可见，教材是学生学习的重要基础。

（2）宣传册是继续教育正能量的传播器。在孕育、形成和发展过程中，继续教育的质量需要提升特色和亮点，争取社会的认可。宣传册是一个很好的载体，汇集了继续教育的亮点和特色，它是为办学传播正能量的。

（3）质量手册、学生手册和员工手册是继续教育质量管理标准化的需要。在传统的继续教育质量管理中，通过制定规章制度进行控制的模式往往是一种质量管理。对于全面质量管理，必须对每一个环节进行量化。在继续教育领域，质量手册、学生手册和员工手册是质量管理标准化的体现。在质量手册中，可以详细说明继续教育中的各种质量风险点，并告知具体的处理方法；学生手册详细说明了继续教育中学生的各种预防措施等；员工手册详细说明了继续教育中员工办学过程中各环节的运作方式。

（4）硬件设施是继续教育质量的重要支撑。硬件设施是指教室、图书馆、自习室、体育馆、食堂、宿舍等基础设施。为满足学生的学习和生活需要，它们可以激发学生的学习兴趣。良好的硬件设施可以给教师带来大量的教学方便，如多媒体教室的应用极大地改变了教学方式，使教学更加灵活、生动、有趣。良好的硬件设施可以提高学校的形象。

（5）校园环境是继续教育的文化内涵。校园环境，尤其是多年积累的建筑物和树木，是大学历史的传承。校园环境汇集了传统遗产和文化品位，是大学向世界展示自己的名片。

（6）财务是继续教育质量管理的源头。继续教育是高校服务社会的重要途径，也是高校主要教育之一。然而，继续教育在具有教育属性的同时，也具有特定市场的属性。在为社会服务的同时，还必须考虑到社会的可持续发展。财务收支问题也是必须考虑的。全面质量管理追求数量与效率的统一，对财务管理提出了更高要求。

3. 高校继续教育之事

高校继续教育之事是人和事物的综合运动，对于继续教育的质量具有举足轻重的作用。继续教育之事可以包括以下方面：

（1）继续教育的发展规划、政策与制度的制定和实施。继续教育发展规划作为一项战略性、前瞻性和导向性政策，在继续教育管理中起着主导作用，决定着继续教育的发展方向和发展趋势。政策和制度的制定是继续教育规划顺利实施的保证，对继续教育质量管理具有宏观调控作用。

（2）继续教育组织架构的设计。组织架构是指一个组织整体的结构，是在管理要求、管控定位、管理模式及业务特征等多因素影响下，办学单位内部组织资源、搭建流程、开展业务、落实管理的基本要素。组织架构是办学单位的流程运转、部门设置及职能规划等最基本的结构依据。组织架构分为直线型、职能型、扁平型等多种类型，关键是要考虑是否符合发展规划的需要。优化合理的组织架构能调动各方积极性，形成科学系统的管理模式，促进发展规划的实现，是继续教育质量管理的重要组成部分。

（3）继续教育运行机制的构建。运行机制是继续教育过程中的主要机制，是学校生存与发展的内在功能，是学校的运行模式。它是指导和制约办学单位决策和人、财、物相关活动的基本标准。制度是决定学校办学行为的内外部因素和相互关系的总称。各种因素相互联系、相互作用。要真正实现学校各项任务的目标，必须建立协调、灵活、高效的运行机制。

（4）继续教育办学过程的管理。项目运行过程管理的质量对项目质量起着决定性作用，是全面质量管理的重要组成部分。过程管理包括项目开发、市场营销、教学管理、后勤保障、质量控制和行政财务管理。

（5）满意度的反馈。满意度是对继续教育培训质量的直接反映。满意度调查和信息反馈是我们发现质量问题、为质量持续改进提供第一手信息的重要途径。根据对象的不同，满意度取决于学生满意度、员工满意度和社会满意度。

（6）时事声音和特殊事件。如何在某些事件中发出声音和发挥作用，如何在消极事件发生后加以应对，如何在积极事件发生后最大限度地发挥其影响，对继续教育质量的提高具有积极意义。

（二）继续教育全面质量管理的外部因素

高校继续教育的人、物、事三个方面是继续教育全面质量管理的内在因素。基于社会的大学也会受到外部因素的影响。继续教育全面质量管理的外部因素，主要包括以下方面：

1. 法律法规是继续教育质量管理的底线

法律法规对高校继续教育具有规范作用，在日常的学校教育过程中，可以依法调节和控制思想和行为，规避违法行为的发生；法律法规对继续教育具有规范作用，执法可以纠正办学行为中一些偏离法律轨道的违法行为，使其回归正常法律轨道。因此，法律法规是继续教育质量管理的底线。

2. 评估机制是继续教育质量管理的有效工具

继续教育评估机制独立于学校的持续教育评估机制，能有效测试学校的教学质量，提出改善建议，以及促进持续提升教育素质。例如，美国继续教育与培训认证委员会（ACCET），德国成人教育研究所（DIE）和教育研究机构（Art Set）研制了"面向学习者的继续教育质量测评模型（LQW）"，英国教育标准化办公室以《教育督导法案》为法律依据，制定了继续教育机构督导通用框架，等等。

3. 行业协会是继续教育质量管理的有效支撑

行业协会等非政府组织在行业的组织和管理方面发挥着独特的作用。通过行业协会的规制，赋予企业增强抵御市场风险、规范市场行为、配置市场资源、维护企业共同经济利益的能力。行业协会作为整个行业的代表，能够处理和协调各种关系，从而降低企业的经营成本，提高工作效率。行业协会主要为会员单位提供专业服务，维护会员利益，实现行业自律和公平。行业协会为会员单位提供信息咨询、协调纠纷、发布信息、加强业务培训等公共服务。行业协会作为行业的代表，参与行业规章制度的制定，行业协会制定的行业政策往往成为国家制定有关规章的依据。因此，在高校继续教育质量管理中，行业协会也是有效支撑。

第三节　高校继续教育教学质量管理体系的优化

质量管理体系通常包括制定质量方针、目标以及质量策划、质量控制、质量保证和质量改进等活动。实现质量管理的方针目标，有效地开展各项质量管理活动，必须建立相应的管理体系，称为质量管理体系。构建高校继续教育的质量管理体系应当涵盖继续教育的全过程及所有环节与方面，运用质量管理的思想，从继续教育具体的运作实践出发，着重构建完善的管理体系。

高校继续教育质量体系的建立是推动继续教育改革和发展重要而有效的手段之一，可以对继续教育的教育目标及教育决策进行适时的调节，促进继续教育合理利用资源，努力提高人才培养质量，完成为国家培养各类高级管理和短缺专门人才的使命。

一、高校继续教育教学质量管理体系构建理论支撑

第一，目标质量管理（MBO）理论。目标管理是以目标为导向，对质量进行衡量和评价的管理方法。目标管理，就是用系统化的方法把许多关键的管理活动集中起来，有意识地引导他们并高效地实现组织和个人的目标。通过在组织内部设立一定的目标，促进组织成员在自己的努力下实现设定的目标。目标管理的引入，将对高校继续教育质量管理起到一定的推动作用，使高校在正确的目标引领下，不断完善继续教育手段，提高教育效能。

第二，全面质量管理（TQM）理论。全面质量管理最初应用于经济部门，是指工业生产中，质量管理涉及设计、研发、生产、销售等整个过程。目前，这种管理方式已广泛应用于多个国家的高等教育的质量管理中，全面质量管理是以学校的教育质量为中心，强调质量管理对教育活动中的不同模块的全面覆盖，教育中的全面质量管理树立起"教育产出"的理念，以最小量的投入获得最优化的产出，强调不同岗位的成员为了质量管理目标的实现而共同努力，充分调动不同岗位成员的工作积极性。

第三，基于国际标准的过程质量管理理论。ISO9000 和 ISO2000 是国际通用的质量管理标准体系。"教育"在 ISO9000 中被归纳为"第 37 类"，主要包括教育管理机构的建立，对领导作用、教育管理的系统方法、常规教育手段、教育评价等方面每个过程进行详尽的控制，从而不断总结教育活动中的不足，及时改进过程质量管理体系。1991 年 5 月，英国的斯坦威尔学院首次将 ISO9000 引入教育质量管理体系认证（英国 BS5750 质量标准）。过程质量管理强调教育活动中，把受教育者作为顾客，把教育作为学校为受教育者提供的"产品"，用于满足受教育者的教育需求。把教育的每个"过程"，细化为不同的服务环节，不同环节间自成体系又相互联系，形成完善的质量管理体系。

二、高校继续教育教学质量管理体系的构建措施

（一）树立以人为本的目标质量管理理念

高校继续教育要遵循"以人为本"的质量管理理念，对现有的岗位责任质量管理体系进行改造与完善，使之更加体现出高校的人文关怀。一方面，从学生的角度看，高校要坚持终身学习、全面发展的继续教育指导思想，把培养全面发展的人、促进受教育者终身学习能力的养成，作为继续教育的目标。改革以"学分"为唯一标尺的单一的教育质量评价方式，把促进学生的全面发展这一总体目标落实到每个部门、每个教师，明确每个部门在实现总目标中自己应负的责任，共同为这一目标而努力。另一方面，从教师的角度看，只要将外在目标变为内在目标，内在目标就能够转化为个体的动力，起到较好的激励效

果。高校要尊重教师的主观能动性，在目标质量管理中体现对教育的人文关怀；对各部门的目标进行细化，使教师热爱继续教育事业，能够真心为高校的继续教育发展而努力。例如，部分高校的继续教育学院每年都与各部门签订《教育质量管理目标责任状》，在《教育质量管理目标责任状》中，不但有教师的德、能、勤、绩等教学相关的内容，还有教师的福利、奖金、进修培训等奖励内容，将目标管理作为继续教育学院"内涵发展、特色发展、人才强校、和谐发展"战略的重要组成部分。

（二）进行以教育产出为主线的全面管理

（1）高校要理顺管理关系，合理选择全面质量管理的载体形式。针对教育活动本身难以量化的特点，通过不断理顺各部门间的关系，合理设置管理机构，使岗位责任得到有效落实，发挥各部门间的质量管理合力，共同促进教育质量的提高。例如，可将传统的继续教育学院的教研室划分为教育教学研究室和学术研究室两个部门，进一步细化和明确各部门的职责，实现教学研究室与学术研究室两个部门的优势互补，使之更好地对教师的教育活动质量进行衡量。①

（2）实施质量管理的全员形式。要充分调动每个教师工作的主观能动性，高校必须建立健全各项管理制度，并不折不扣地执行下去，摒弃传统的由学校强制性分配工作岗位的做法，可让教师根据自己的特长自主选择工作岗位，找准自身的定位，从而在工作中更好地发挥自己的优势，形成全员参加质量管理的良好氛围。

（3）实施全面质量管理的全程形式。要抓好、抓住教育过程的每一个环节，实现每个环节的无缝衔接，消除管理"死角"。建立不同教育环节的沟通与反馈机制，互通有无，及时了解各教育环节中存在的问题，加以改正。例如，北京大学继续教育学院提出的构建"综合教育体"的理念，每个学科都不进行孤立的设置，而是采取"交叉学科"的方法，促进不同学科间的融合与互动，使继续教育的人才培养模式更加科学，较好地提高了教育质量。

（三）实施以产品服务为核心的过程管理

高校要实施以产品服务为核心的过程管理，将继续教育活动作为一种产品进行推广，在市场化的竞争中赢得生存。

（1）以顾客的需求为切入点，把握好继续教育的教育项目研发过程。重视调查研究对提高继续教育质量的作用，高校在开办继续教育前，必须对市场进行调查，了解顾客的教育需求，研究国家经济政策，积极与市场接轨。在充分调查研究基础上进行继续教育的课程设计，确保继续教育的培训项目有明确的

---

① 史仁民．论构建高校继续教育质量管理体系[J].中国成人教育，2013，(4)：20-22.

目标群体，课程的安排要由浅入深、多元化设计，以符合不同顾客的需要，走专业化之路，使顾客能够循序渐进地掌握知识，满足自己的学习需求。

（2）以品牌策划为手段，做好招生过程管理。高校要做好继续教育的品牌包装，打好宣传牌。突出招生的主动性，灵活实施"个性化"招生，在宣传中，要让受教育者知晓通过高校的继续教育能够获得什么，免费帮助受教育者进行职业测试、职业生涯指导等活动，使招生更加体现人本主义精神，适应市场竞争的需要。

（3）以多元化评价为主要手段，严格教学过程管理。高校的继续教育项目一旦开始实施，就必须对教学活动进行跟踪。高校应摒弃传统的由教研室听课、评定课程质量的方式，将广大受教育者引入教学过程评价中，听取多方面的反馈意见，及时发现并确认问题，及时改进不足，调整教学内容与教学服务。将受教育者满不满意作为衡量教学质量的重要组成，对提供的继续教育产品和服务内容的相关性、与教育目标的匹配程度、学习需求的针对性、培训内容是否能够紧跟时代步伐、培训内容的实用性进行全面评价。也可探索将教学质量评价业务进行外包，由社会"第三方"教学评价机构去做，增强教育质量评价的客观性。

（4）以"人力资本投资"为基本理念，做好师资队伍质量过程管理。师资力量是否强大直接关系到高校继续教育质量。高校要进一步建立教师进修制度，实施初任职培训、学期常规例行培训、专项培训等制度。对在职攻读博士、硕士学位和进行学术理论研究的教师给予政策上和经济上的支持。学校应设立类似于"教师发展中心"的专门面向专职教师的继续教育部门，对教师的进修予以组织指导，全面提高教师的教育教学水平。也可在校内积极实施"导师制"，鼓励老教师对年轻教师进行"传帮带"，建立"教授论坛"或"专业论坛"，引领年轻教师尽快入门。

三、高校继续教育教学质量管理体系的优化策略

（一）加强继续教育的教学管理

师资队伍建设是提高继续教育质量的保障，高校需要对继续教育师资培训资源加大投入，是否拥有一支高水平的师资队伍，是保障继续教育质量的重点所在。因此，高校应从整体上提高继续教育的师资队伍素质，加强继续教育教师队伍的绩效考评，引入竞争机制，多渠道、多形式对他们进行培训，提高其教学水平；从学历教育与继续教育相结合构建终身教育体系的观念出发，重视继续教育师资的培养，有意识地培育一批相对固定的继续教育教师骨干队伍，同时加强选聘优秀兼职教师的工作，以专职教师为骨干，专职与兼职相结合，努力建设一支政治坚定，业务精良，技艺高超，作风过硬的高素质继续教育教

师队伍，为提升高校继续教育整体水平奠定坚实基础。

继续教育教学过程管理是提高继续教育教学质量的核心。高校需要建立一整套继续教育教学管理规章制度来规范教学环节，实现常规检查与专项检查、定期检查与随机抽查、学校检查与继续教育学院自查、专家检查与管理人员检查、领导检查与教师互查的有机结合。课程设置质量是保证继续教育质量的关键因素之一。高校继续教育应针对在职人员的需要和特点，根据职业岗位的人才规格、人才素质要求来设置课程，制定教学计划和教学大纲，理论以"必需、够用"为度，加强实践性教学环节，缩短教学与生产、社会实践的距离，加快知识和智力要素向现实生产力的转化，并在科学技术和管理方面开设全新的继续教育课程，提供内容丰富多彩而又切合实际、形式灵活多样的继续教育项目，直接为行业或企业生产发展服务。具体操作上，高等学校可在广泛收集培训对象相关信息的基础上，确定培养方案、教学内容、课程设置，充分体现高校继续教育的特色，形成自己的优势，以特色和优势吸引合作者，吸引更多优秀的求学者前来接受培训。

（二）创造良好继续教育学习环境

高校继续教育受学习者的工作单位、学习的学校以及其他各方面的影响，并引发各个部门之间发生关系。如果部门之间缺乏合作、协调，往往会造成学习者教育机会的失去。一方面，新的人事制度改革要求在职人员有新的思想，新的解决问题的方式，让其意识到学习的必要性，极大调动了他们继续学习的积极性；另一方面，在职人员一边工作一边学习，工作量过重，或工作与学习时间冲突，学习者很难有时间和精力参加培训。因此，需要各个部门间综合协调，建立社会性学习保障机制。如发展弹性学制，注意研究学习者的特点，根据他们的特点确定学制，努力做到学习机会开放化、多样化，给学习者提供更多的受教育机会；可以采用学习费用分担法，即国家提供免费或低收费学习机会，单位承担在职人员的部分学习、培训费用，减少在职人员的工作和学习压力，鼓励在职人员不断更新知识，为单位的发展服务。

（三）建立继续教育科学评估体系

学校领导和管理者对教学质量目标及时调整、做出决策，教师的教学质量水平等的评估都需要有客观的信息作为依据。并且，质量评估的目标、指标体系及其标准可以为教师指明努力的方向和奋斗的具体目标，能激发教师的积极性。通过质量评估有效保障教学质量，促进高校继续教育健康有序发展。建立有效的继续教育监控机制，重视继续教育建设，才能使继续教育工作健康有序地发展，成为培训新型复合型人才的摇篮，为我国经济发展服务。评估小组的成员可以由教育主管部门负责人、学校有关专家、继续教育学院负责人、社会或企事业用人单位负责人和有关专家组成。对培养方案、课程设置、教学内容、教学手段，以及任课教师的教学方法、教学效果等进行全面评价。评价继续教育成败的关键就要看人才培养的质量是否达到了所要求的水平。继续教育质量标准就是既满足社会发展的要求、为社会服务，又要满足教育本身的内在规律，同时，通过继续教育能够使受教育者最大限度地实现自身的价值。[①]

第四节　高校继续教育教学质量管理的对策研究

为了解决高校继续教育质量管理方面存在的各种问题和不足，需要进一步提升高校继续教育全面质量管理的水平，可以从以下方面着手。

一、高校继续教育之人的管理对策

第一，领导层明确继续教育的定位。以学校领导为代表的领导层必须明确继续教育在学校发展中的重要地位，继续教育是学校的三大教育职能之一，是大学服务社会的重要途径。这是继续教育实施全面质量管理的重要前提。

第二，加强员工队伍专业化建设。员工队伍的专业化建设关系到员工能否按照项目过程管理的标准进行负责任的作业，直接影响到继续教育项目的质量。可以定期对不同雇员进行专门培训，如新雇员的就业培训，项目主管、项目策划、班主任技能培训等。

第三，加强校友的组织与管理。继续教育校友是具有特定职业成就的人，为报答学校的栽培之恩，向学校捐款，他们的捐款能更好地促进学校继续教育事业的发展。因此，高校应注重对继续教育的校友培养。

第四，加强校内师资的挖掘、培育和管理。师资是高校的核心竞争力，没有自己的师资，就没有自己的教育竞争力。一方面，高校必须充分挖掘学校里的师资潜能，可以对教师进行分类，让弱势教师以社会服务岗位的形式进入继续教育教学。同时，可以将继续教育纳入学校教师评价体系，加强宣传。更多重视教师继续教育的教学质量，探索适合继续教育的教学方法。另一方面，通过教师培训计划，有计划、有步骤地培养教师，从而增强教师自身的实力，增强教师的核心能力和竞争力。同时，遵循"学术无界限、讲台有纪律"的原则，加强对教师的管理。

第五，强化参训单位组织者在质量管理中的作用。参训单位的组织者是学校与学生之间的沟通桥梁，对于学生的需要，学校已经得到确认。然而，学生的筛选和入学后评价对学生几乎没有任何作用。学校可以通过协议或互访的方

---

① 韦雁仙. 论高校继续教育质量管理的优化[J]. 继续教育，2008（7）：15-16.

式，在招生和效果评估方面明确学生的资格，从而改善学生的出入学条件。

第六，加强合作单位的准入和管理。作为第三方，合作单位并非由学校直接管理，是质量问题和负面事件的风险点。可以通过制定一些标准、制度明确合作的具体条件。合作伙伴的进入需经行政部门或工作领导小组批准。合同的签订由行政主管部门负责或归档。职责明确，合作范围明确，学校主体不得转移。

二、高校继续教育之物的管理对策

第一，加强教材、项目的研发，整合同质化项目。教材、教学项目的研发是学校的核心竞争力之一。高校可以为教材、项目的研究和开发提供支持。如果抄袭别人的项目，争夺同质化项目，采取先引导、后惩罚的策略，积极引导新项目的研发，打击同质化竞争。

第二，加强继续教育正能量的宣传。继续教育的正能量必须注重宣传，形式多样，如网站展示、宣传册制作等，以达到传播特色、扩大影响的目的。

第三，推进继续教育质量管理标准化建设。继续教育质量标准化建设是继续教育全面质量管理的基础。标准化构造可以将复杂的内容分解为简单的链接，并为每个链接的完成设置具体步骤。基本的质量标准化包括质量手册、学生手册和员工手册等。

第四，加大投入，提升硬件设施。通过申请办学经费、利用办学剩余经费、设置专项经费等方式加大对教室、图书馆、学习室、体育馆、食堂、宿舍等基础设施的投入，提高硬件水平，满足学生学习和生活的需要，提升学校形象。

第五，合理利用校园环境。为了不影响校园内师生正常工作学习，一方面可以分批低密度进入校园，避免交通拥堵等造成校园内师生的不便；另一方面，大力开展正能量宣传教育，逐步改变校内师生对继续教育的抵制，从根本上解决校园环境共享问题。

第六，规范财务管理。在财务管理方面，正确处理学校中心利益与学校学科发展的关系，正确处理学校主营收入与项目研发投入的关系，正确处理教师报酬的合理合法性问题。

三、高校继续教育之事的管理对策

第一，制定继续教育发展战略，构建继续教育制度。从教育定位、管理体制、运行机制、资源建设、政策支持等方面进行思考，制定学校未来教育发展战略，搭建继续教育平台，协调继续教育发展。通过继续教育体系建设，保证继续教育发展战略的顺利实施，促进继续教育由粗放型向规范型发展。

第二，深化管理体制改革，优化组织架构。随着继续教育事业的发展，继续教育机构的管理体制必须进行改革。可以探索建立继续教育和集中管理制度，建立地方、行业和企业的继续教育和服务机制。在学校层面，可设立继续教育管理办公室，负责学校继续教育的行政管理工作。继续教育学院转为专门从事继续教育的学校，由职业学院的继续教育中心负责学院继续教育的管理和运作。学校二级管理加强规范化，形成比较完善的分散办学体系和学校集中管理的办学体制，形成继续教育办学模式和职业院校分工互利的办学模式。

第三，探索继续教育办学实体内部企业化管理运作模式。通过最高层次的制度设计，明确各部门的责任，分散权力，使基层有充分的自主权。按照企业模式组织管理学校，遵循市场发展规律，优化资源配置，实行独立管理和独立核算，实现合理的效率提升。

第四，明确继续教育学院和专业学院的办学定位。继续教育学院是综合性持续进修学校，开展多种形式的继续教育项目。职业院校按照学科要求开展专业继续教育培训。对于公共行政学院干部培训和继续教育学院干部培训等交叉学习方案，可以实施区域和次部门专业领域，以避免校内之间的竞争，减少内部消耗。学校层面还可以建立创业学院等公共平台，整合学校各单位优势，形成协同效应，参与社会项目竞争，形成学校品牌。

第五，注重继续教育办学过程的管理。首先，教学管理是继续教育质量管理的核心。教学管理的质量直接关系项目的成败。教学的组织和实施必须严格遵循国家、高校和院校的内部规则、程序和流程，监督教学过程，致力提高教学水平和服务质量。除学习之外，继续教育和培训还应为学生提供食宿，因此，后勤保障对提高继续教育的整体质量起着重要作用。组织应有效组织和管理设备、图书馆资料、安全设施、住宿环境、饮食环境等，为继续教育和其他学习提供保障。其次，质量控制是不断提高继续教育质量的有效手段，它定期从继续教育和培训服务的各个方面评估学员满意度，分析培训内容、教学方法、基础设施和管理服务的成效，并通过测试和控制促进改进和创新。此外，高校继续教育的行政和财务管理非常重要，有效的行政和财务管理机制可以提高效率、规范管理，建立有效的行政和财务管理流程，不断优化和改进，不断规范管理，可以提供质量保证。

第六，加强沟通反馈机制的建设。沟通反馈路径的畅通对于发现质量问题和解决质量问题至关重要。可以设置一个意见箱或者投诉电话，可以在第一时间了解学生意见，发现继续教育中的问题，并加以改进。可以通过微信等软件进行满意度调查，获得第一手信息，并发现问题继续进步。

参考文献

［1］包华影．高校继续教育变革与发展［M］.北京：高等教育出版社，2019.

［2］陈明，张伟建．"互联网＋"时代的成人教育混合教学模式改革［J］.成人教育，2017，37（10）：76-79.

［3］陈攀峰．新时代高校继续教育创新研究［M］.长春：吉林人民出版社，2019.

［4］陈勤舫．普通高校继续教育的本质、功能与战略转型［J］.继续教育研究，2021（1）：1-4.

［5］陈勤舫．普通高校继续教育新态势与管理模式创新［J］.成人教育，2020，40（9）：83-86.

［6］段玉琴．大数据时代继续教育平台建设研究和实践［J］.继续教育研究，2021（8）：5-7.

［7］胡琳．高校继续教育的战略转型发展探究［J］.内蒙古师范大学学报（教育科学版），2016，29（8）：19-21.

［8］孔娟．高校继续教育网络教育管理模式探析［J］.继续教育研究，2021（7）：6-9.

［9］乐传永，许日华．高校继续教育治理：缘起、主体与机制［J］.现代远距离教育，2018（1）：3-8.

［10］李娜．基于网络媒体平台的高校成人继续教育创新发展［J］.中国成人教育，2020，（21）：74-76.

［11］刘春．信息化背景下高校继续教育质量提升的思考［J］.教育传媒研究，2019，（5）：62-64.

［12］刘岗．终身教育背景下高校继续教育发展新思路［J］.成人教育，2020，40（7）：6-10.

［13］牛长海．高校继续教育课程设置问题探究［J］.东北师大学报（哲学社会科学版），2015（5）：250-254.

［14］石共文，彭佳扬．高校继续教育转型发展支撑体系的构建［J］.中国成人教育，2020（20）：70-73.

［15］史仁民．论构建高校继续教育质量管理体系［J］.中国成人教育，2013（4）：20-22.

［16］田宁莉．数字化学习模式下的继续教育发展［J］.陕西教育（高教），2017（10）：64＋66.

［17］王华丽．高校继续教育管理创新的探索［J］.科教文汇（下旬刊），2019（9）：18-19.

［18］王丽川，崔亮，赵巍，等．基于翻转课堂理念的继续教育混合教学模式改革［J］.高等继续教育学报，2020，33（4）：28-32，64.

［19］韦雁仙．论高校继续教育质量管理的优化［J］.继续教育，2008（7）：15-16.

[20] 吴斌，范太华．基于高质量发展的高校继续教育新发展格局的构建[J].中国成人教育，2021（14）：58-63.

[21] 向彦．后 MOOC 时代高校继续教育的发展趋势探索[J].科学咨询（科技·管理），2021（7）：20-21.

[22] 谢勇旗．校企合作培养"双师型"职教师资机制研究[D].天津：天津大学，2014：52-57.

[23] 邢长明，杨林，刘一良．"互联网＋"时代地方高校继续教育信息化建设的问题与对策[J].中国成人教育，2018（21）：123-126.

[24] 杨安，冯清平．高校继续教育软实力初探[J].继续教育研究，2013（1）：10-12.

[25] 杨林，王琦，张璇．高校继续教育网络课程资源建设的问题及对策[J].中国成人教育，2017（20）：85-88.

[26] 张臣文．数字化学习模式下的继续教育发展研究[J].湖北函授大学学报，2017，30（22）：27-29.

[27] 张厚方．高校继续教育发展新常态研究[J].继续教育研究，2020（3）：5-8.

[28] 张立忠．高校继续教育定位及其实践对策[J].继续教育研究，2017（2）：11-13.

[29] 张鹏程，刘广君．高校继续教育质量管理路径探析[J].中国成人教育，2018（20）：126-128.

[30] 张艳超．转型期普通高校继续教育信息化建设研究[M].武汉：武汉大学出版社，2015.

[31] 郑小娟，胡侠．普通高校继续教育师资队伍建设的几点思考[J].湖北成人教育学院学报，2007（1）：21-23.

[32] 周前进，谭冬冬．高校继续教育员工队伍思想政治建设探析[J].学校党建与思想教育，2021（4）：62-64.